W0046914

Steve Biddulph

Wer erzieht Ihr Kind?

Kinderbetreuung – eine wichtige Entscheidung

Mit Fotos von David Hancock

Aus dem Englischen von
Katy Albrecht

WILHELM HEYNE VERLAG
MÜNCHEN

Umwelthinweis:
Dieses Buch wurde auf chlor- und
säurefreiem Papier gedruckt

Deutsche Erstausgabe 01/2005

Copyright © 2004 by Steve Biddulph
Copyright © 2005 der deutschsprachigen Ausgabe
by Wilhelm Heyne Verlag, München,
in der Verlagsgruppe Random House GmbH
www.heyne.de
Printed in Germany 2005
Recherche: Vanessa Warren
Redaktion: Angelika Lieke
Umschlaggestaltung: Eisele Grafik-Design, München
Umschlagillustration: Paul Stanish
Innenfotos: S. 2–S. 80 David Hancock;
S. 85–S. 165 ClickArt T/Maker Company
Satz: C. Schaber Datentechnik, Wels
Druck und Bindung: GGP Media GmbH, Pößneck

ISBN 3-453-67000-0

Inhalt

TEIL I

Ihr Baby

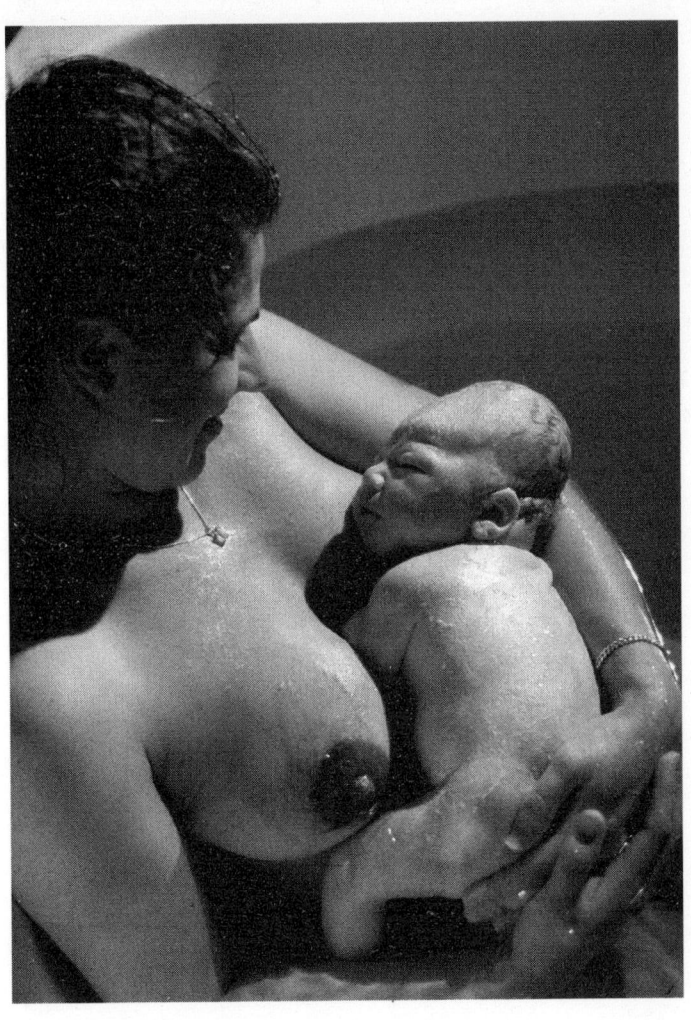

Unfassbar, du bist da!

Mit einem kleinen Baby

… bei Ihnen zu Hause
… in Ihren Armen
… ganz auf Sie angewiesen.

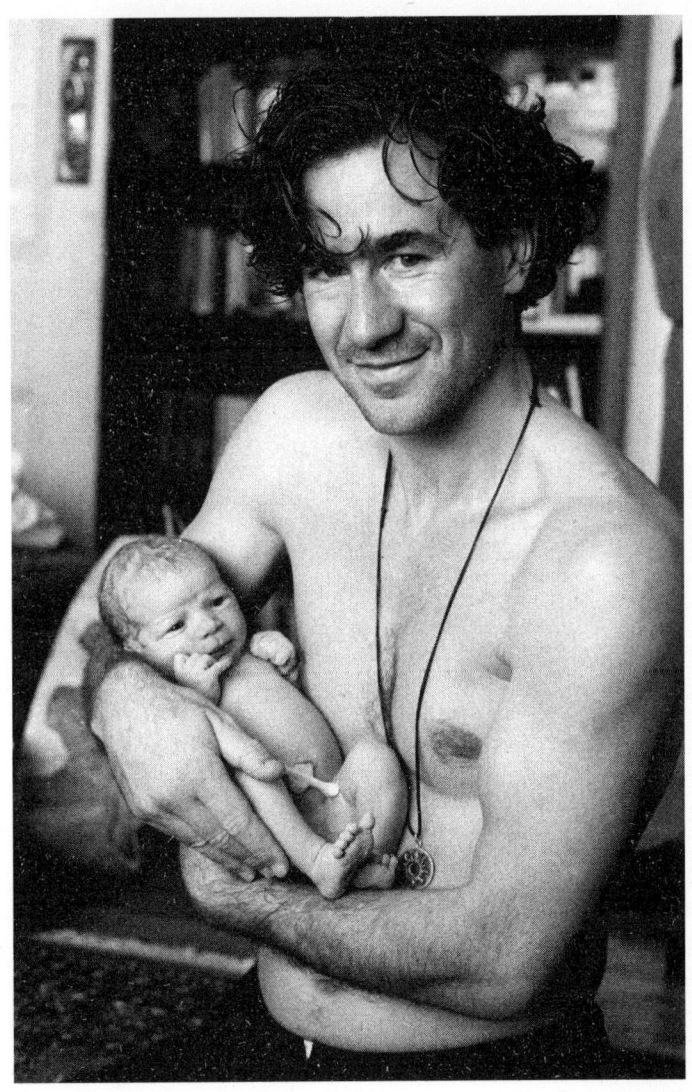

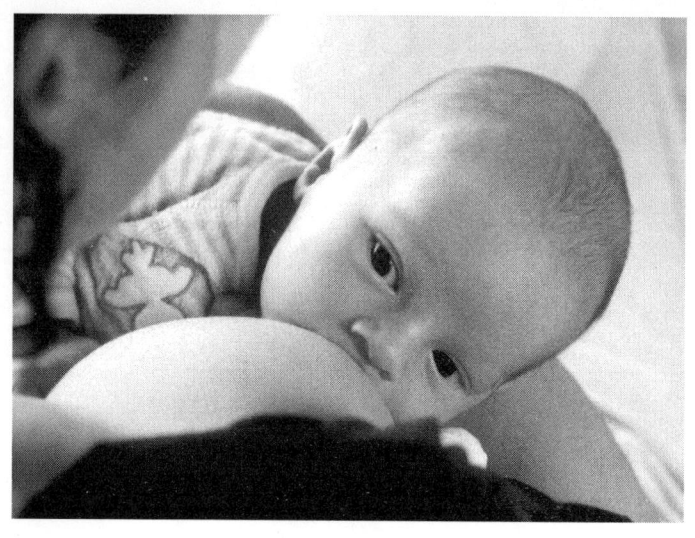

So klein …

    … und so vollkommen.

Eigentlich sind Sie noch derselbe Mensch
wie vorher, und doch hat sich Ihr Leben von
Grund auf verändert.

Sie verspüren Freude und Ehrfurcht, verbunden
mit dem Gefühl großer Verantwortung.

Die Welt, in die Sie dieses Baby hineingetragen haben, ist voll mit Unbekanntem …

… was für eine Zukunft wird dieses Kind haben?

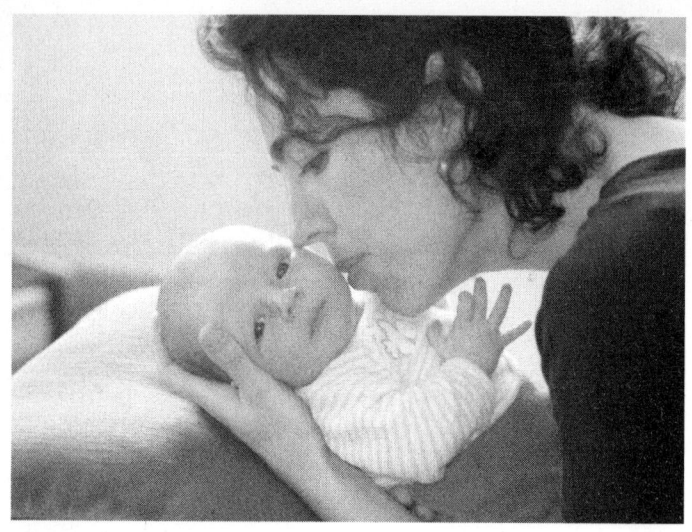

Wie können Sie es wappnen? Was können
Sie ihm geben, um ihm die besten Chancen für ein
glückliches und sicheres Leben zu bieten?

Noch nie zuvor haben Sie so viel Sorge und so
viel Glück im selben Moment verspürt.

Sie sind Eltern.

Sie brechen zu einer großen Reise auf.

Ihre Karriere

Sie arbeiten.
Sie haben jahrelang Ihren Lebensunterhalt verdient.
Sie kennen sich in Ihrem Beruf aus und machen
Ihren Job gut.
Ihr Beruf verschafft Ihnen Geld, Selbstbewusstsein
und Kontakte zu Kollegen und Freunden.

Aber nun haben Sie ein Baby.

Die meisten Ihrer Bekannten geben ihr Baby mit
drei, sechs oder zwölf Monaten in eine Krippe.
Sie kehren alle schnell wieder in ihren Job zurück.
Hauptamtliche Erzieher kümmern sich tagsüber um
die Babys.

Tausende von Leuten machen das so.
Sind Sie sicher, dass dies auch für Sie der richtige
Weg ist?

Sie und Ihr Baby werden wertvolle und
schöne Zeit miteinander verbringen, abends
und am Wochenende.

Es ist doch zum Besten der Familie, dass Sie Ihre
Karriere weiter vorantreiben. Als Vater ist es doch
Ihre Aufgabe, der Ernährer zu sein. Oder?

Als Frau ist es wichtig, unabhängig zu bleiben.
Das ist der Beweis für Ihre Gleichberechtigung
und Ihren Status.
Sicher?

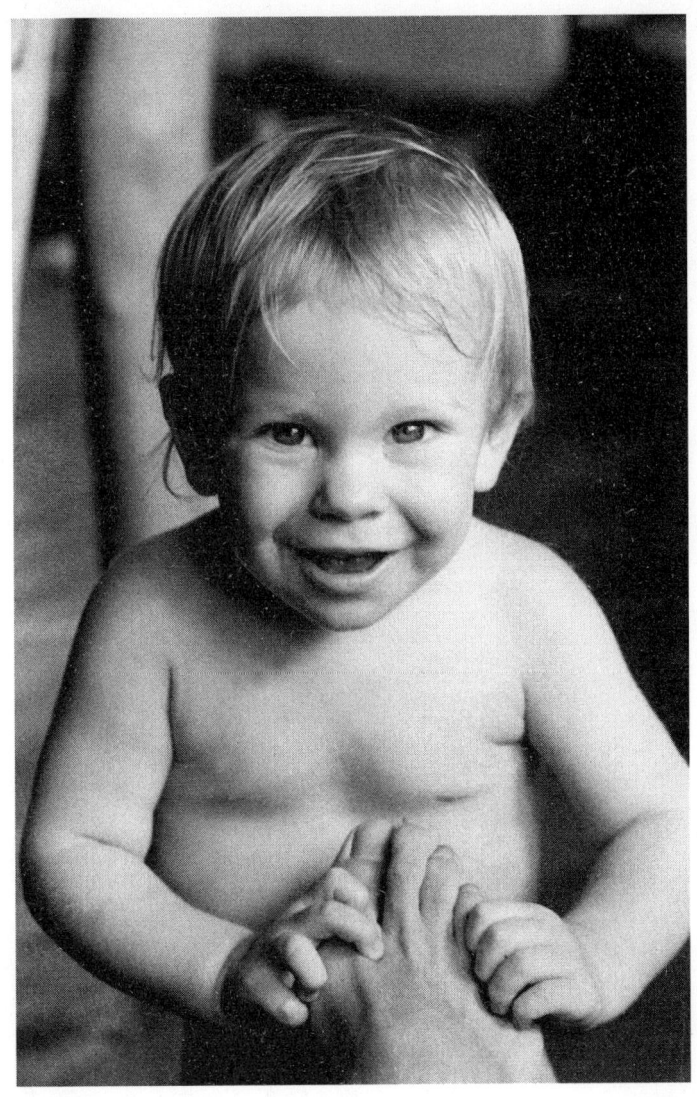

Sie haben das schon tausendmal durchdacht.

Aber irgendwo tief in Ihrem Inneren sagt Ihr Herz etwas ganz anderes.

Sie möchten diesem Kind so viel wie möglich
von sich geben.

Ihre zärtliche und vollkommene Fürsorge.

Wie könnte ein völlig Fremder oder – schlimmer
noch – eine Reihe aufeinander folgender Fremder,
dieses Baby genauso lieben wie Sie selbst?

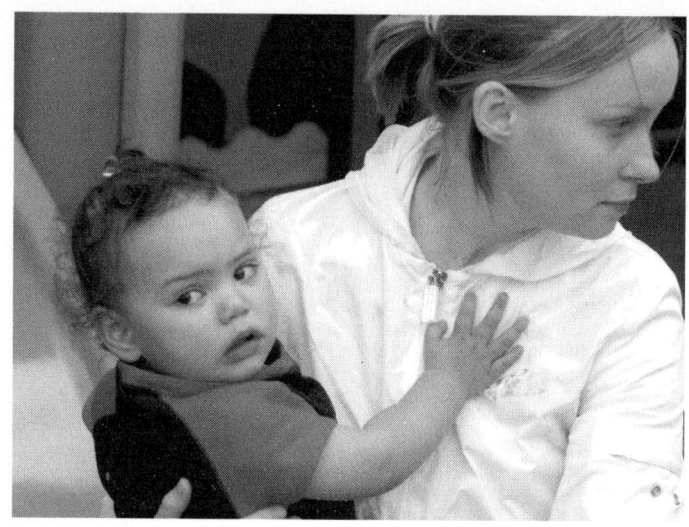

Würden Fremde all die kleinen Veränderungen
in seiner Stimmung genauso erkennen,
ihm ebenso seine Angst nehmen und ebenso viel
Freude an seinem glucksenden Lachen haben wie Sie?

Wie könnte jemand, der sich um vier oder
fünf Babys gleichzeitig kümmern muss, Ihrem
Baby ganz tief vermitteln:

»Du wirst vollkommen geliebt«,
»Du bist vollkommen sicher«

Krippen sind etwas ganz Normales, die meisten Eltern nutzen sie. In Deutschland werden Babys schon mit drei Monaten in Krippen aufgenommen. (Wobei es jetzt interessant wäre zu wissen, warum genau mit drei Monaten und nicht mit zweieinhalb oder vier. Es wird wohl ein Kompromiss sein zwischen dem, was vertretbar ist, und dem, was gewünscht wird.)

Es wird schon gut gehen, denken Sie. Babys tun schließlich nicht viel, sie liegen nur herum, müssen gefüttert und gewickelt werden. Das kann schließlich jeder.

Die Leute dort sind ja auch ausgebildet, sie wissen, wie Kinder sich entwickeln, kennen sich mit Krankheiten aus und auch mit Erziehungsfragen. Vielleicht können sie Ihr Kind ja sogar besser als Sie, die Eltern, auf den Wettbewerb ihres späteren Lebens vorbereiten.

Die Broschüren der Kinderbetreuungsindustrie
sagen: »Wir wissen es am besten. Lassen Sie uns das
lieber machen.«

Die Krippe

Sie sehen sich eine Kinderkrippe an.

Sie beobachten die größeren Kinder, die herumrennen und fröhlich spielen.

Sie scheinen Spaß miteinander zu haben.

Da ist aber auch ein herber Zug an ihnen zu
erkennen, eine Art von Konkurrenzkampf.

Sie sind schon eine Zeit lang hier,
sie kennen die Spielregeln.

Die Kleinen, die Zweijährigen, sind anders.
Jedes scheint eine Insel für sich zu sein.

In diesem Alter spielen die Kinder mehr neben-
einander her, aber noch nicht richtig miteinander.

Sie beobachten, wie jedes um die Aufmerksamkeit
der Betreuer kämpft. Die Erzieherinnen und Erzieher
haben viel zu tun, sie müssen sich um viele Kinder
kümmern. Meist wandern die Kinder von einem
Spiel zum nächsten, und so geht der Tag herum.

Kinder sind sehr anpassungsfähig.
Das müssen sie auch sein.

In jeder Gruppe scheinen ein paar Kinder stets
am Rand zu stehen, traurig und allein.

Sie fragen sich: »Wird es meinem Kind
wohl auch so ergehen?«

Sie setzen sich einen Moment lang hin und
schauen zu, lassen die Szene auf sich wirken.

Sie wundern sich über den Geräuschpegel.
Es passieren so viele Dinge gleichzeitig.

Da ist nicht viel Ruhe und Frieden.

Auf einmal weint ein Kleinkind –
ein anderes Kind hat ihm Sand ins Gesicht geworfen.
Eine Erzieherin kommt und tröstet es.

Es sind gute Leute, sie tun ihr Bestes,
um jedem Kind gerecht zu werden.

Es sind liebenswerte Menschen,
zumindest die meisten.

Manche wirken ein bisschen hart. Es ist ermüdend,
sich Tag ein Tag aus von morgens bis abends um
zwanzig Kinder kümmern zu müssen.

Das Babyzimmer

Die täglichen Rituale folgen rasch aufeinander.

Schließlich ist Abholzeit. Eilig parken die Eltern
ihre Wagen und laufen zum Eingang.

Die meisten Kinder scheinen sich zu freuen,
sie wiederzusehen.

Manche Kinder aber wirken fast teilnahmslos.
Auch für sie war es ein langer Tag.

Ihnen fällt ein, dass es einen Raum gibt, den Sie
noch gar nicht gesehen haben: das Babyzimmer.

Sie schauen durch das Beobachtungsfenster.
Eine Reihe von Babys in Wiegen, ein paar junge
Erzieherinnen, fast noch Teenager, halten Babys im
Arm, geben ihnen die Flasche, wechseln die Windeln,
stehen herum. Sie sehen ein wenig gelangweilt aus.
Sie denken, Sie würden sich vielleicht auch langweilen
mit all diesen Babys, von denen keins etwas
Besonderes ist. Sie würden ebenso wenig zu einem
von ihnen eine enge Beziehung aufbauen wollen.

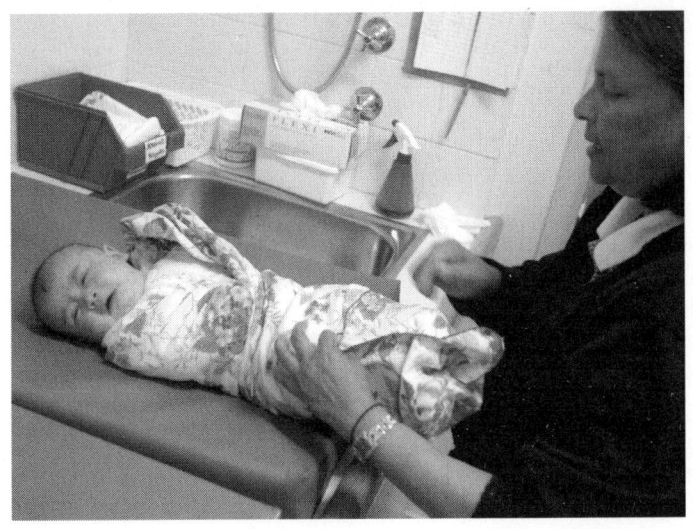

Eins der Babys beginnt laut zu weinen.
Zwei andere werden dadurch wach und stimmen
in das Geschrei ein. Draußen hustet ein Kind.

Sie machen sich – in Gedanken versunken –
auf den Heimweg.

Überlegen Sie gut!

Das Schwierige ist, sich darüber klar zu werden,
dass zwischen all den Stimmen und Botschaften,
die aus Ihrer Umwelt kommen, das, was Sie fühlen,
für Sie das einzig Richtige ist.

In einschlägigen Zeitschriften und auf den Eltern-ratgeberseiten der Zeitungen wird immer wieder versprochen, dass Sie »alles« haben können, das heißt Beruf und Familie verbinden, indem Sie klug, effizient und gut organisiert leben. So macht man das heute. Die Fotos zeigen fröhliche, adrett gekleidete, wohlhabende und attraktive Mütter auf dem Weg zur Arbeit. (Man geht davon aus, dass die Väter ohnehin ausnahmslos alle zur Arbeit gehen.)

Sie sind noch nicht wirklich überzeugt. Freunde von Ihnen versuchen auch, Arbeit und Baby unter einen Hut zu bringen. Sie scheinen ziemlich gestresst und weder ganz bei ihrem Kind, noch ganz in ihrem Job zu sein.

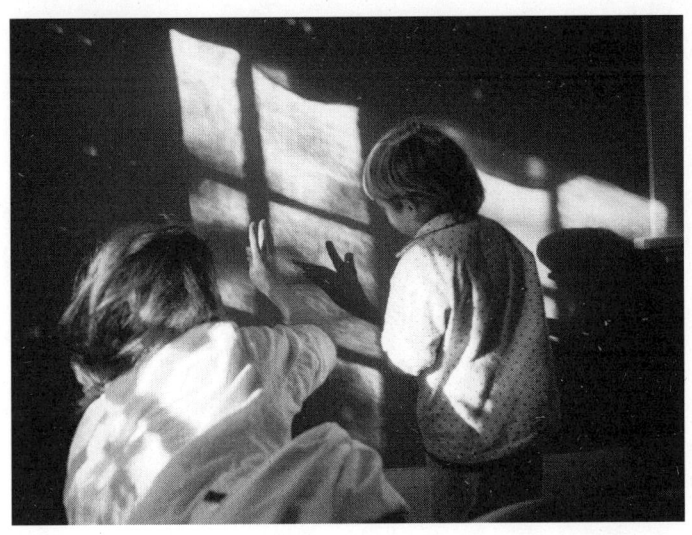

In jedem Buch über die Entwicklung von Kindern, das Sie zur Hand nehmen, können Sie etwas über die besondere Beziehung zwischen Eltern und Kind lesen. Beispielsweise wie sehr die Entwicklung der rechten Gehirnhälfte von einer tiefen und anteilnehmenden Beziehung abhängt, von den vielen kleinen Interaktionen, die aus stundenlangem, entspanntem Zusammensein erwachsen.

Im ersten Lebensjahr wird die Fähigkeit, Liebe und Empathie zu empfinden, entwickelt.

Eine friedliche Kindheit bildet die Grundlage für lebenslange geistige Gesundheit.

Aber Sie sind sich nicht sicher. Vielleicht werden
Sie schlechte Eltern sein, gestresst, frustriert, weil
Ihnen ohne Job Geld und Bestätigung fehlen?
Elternschaft kann einsam und alles andere als
glamourös sein. Sie haben schon auf der Straße oder
im Supermarkt Eltern gesehen, die mitgenommen
und geradezu ungepflegt aussahen.
Und was ist mit Ihrer ganzen Ausbildung, Ihrem
Studium? Alles umsonst? Werden Sie je wieder
in Ihren Beruf zurückkehren können, wenn Sie jetzt
ein paar Jahre aussteigen? Können Sie ohne Ihr
momentanes Gehalt auskommen?

Sie stehen vor einer der größten Entscheidungen
Ihres Lebens und fühlen sich hin und her gerissen.
Sie diskutieren endlos mit Ihrem Partner, keiner von
Ihnen ist sicher, was das Richtige ist.
Sie finden die ganze Nacht keine Ruhe. Erst gegen
Morgen schlafen Sie fest ein. Als Sie aufwachen,
spüren Sie, dass sich in Ihnen etwas verändert hat.
Es ist kein Wunder geschehen, Sie wissen nur
plötzlich ganz genau, was Sie tun werden.
Und Sie fühlen sich mehr mit sich im Reinen
denn je zuvor in Ihrem Leben.

Klartext

Kommt Ihnen das bekannt vor? Stecken Sie auch
mitten in diesem Dilemma? Lassen Sie mich ganz
ehrlich sein: Ich habe mit Tausenden von Eltern in
beinahe allen Winkeln der Welt gesprochen und
mich schon ein Vierteljahrhundert lang mit Kindern
und ihren Bedürfnissen beschäftigt. Ich will es ein
bisschen herausfordernd formulieren …

Ein Kind zu bekommen ist nicht so, als ob man
sich ein neues Auto zulegt oder in eine neue
Wohnung zieht. Es ist nichts, was man einfach
so in sein Leben integriert. Es ist etwas, was Ihr
Leben von Grund auf verändert.

Wenn Sie planen, ein Kind zu bekommen,
müssen Sie bereit sein, auf Ihr bisheriges Leben zu
verzichten und in ein neues Leben einzutreten.
Was aber bedeutet das? Lassen Sie es mich
mit glasklaren Worten sagen …

Wenn Sie das Gefühl haben, dass Sie es nicht
aushalten, einige Jahre lang einen anderen Menschen
an die allererste Stelle zu setzen und tatsächlich
Ihre eigenen Bedürfnisse, Ihre Pläne und Vorlieben
zu vernachlässigen, erst an zweite Stelle zu setzen,
hinter einem kleinen Wesen, das oft quengelt
und um das man sich kümmern muss, um ihm
einen guten Start zu verschaffen …

Wenn Sie ein junges Paar oder auch alleinstehend sind und genau wissen, dass Sie in Ihrem Leben immer an erster Stelle stehen wollen …

(Dass Sie die tollsten Reisen, das beste Auto, die besten Kleider, ein sauberes, erfolgreiches, wohlhabendes, glänzendes und perfektes Leben wollen. Dass Sie aufstehen möchten, wann Sie wollen, reisen möchten, wohin Sie wollen, sich von Ihrem Partner trennen können wollen, wenn es keinen Spaß mehr macht …)

Wenn alle oder auch nur einer dieser Punkte auf Sie zutrifft, ist meine Botschaft für Sie ganz klar …

BEKOMMEN SIE KEINE KINDER!

Das Elterndasein wird Ihnen nicht gefallen,
und Ihre Kinder werden sich nicht geliebt fühlen.

Und es gibt auf dieser Welt schon genug
ungeliebte Menschen.

Haben Sie vielleicht schon ein Baby oder Kleinkind? Aber Sie sind nicht sicher, ob Sie das Opfer bringen können, ein oder zwei Jahre zu Hause zu bleiben, um sich selbst darum zu kümmern? Sie fühlen sich zerrissen, Sie wollen alles gleichzeitig, wissen aber, dass es nicht möglich ist.

Keine Sorge, jeder fühlt sich manchmal so. Sie trauern um Ihre verlorene Unabhängigkeit. Und um den Verlust des Gefühls, alles im Griff zu haben. Elternsein ist alles andere als perfekt, es gibt keinen, der je das Gefühl hat, gut genug zu sein. Aber für das, was Sie aufgeben, bekommen Sie auch etwas zurück: Augenblicke größter Liebe und Begeisterung, Augenblicke voller Zärtlichkeit und vollkommenem Frieden. Ist das den Preis nicht wert?

Es ist nicht nur eine Frage der Entscheidung. Eltern zu werden ist eine Metamorphose, so wie aus einer Raupe ein Schmetterling wird – Sie sind noch derselbe Mensch, und doch haben Sie sich vollkommen verändert.

Lassen Sie mich erklären, was ich damit meine …

Bevor wir Kinder bekommen, leben die meisten von uns gefangen in einer Schale des »Selbst«. Wir sind vollauf mit uns und unseren eigenen Bedürfnissen beschäftigt. Ganz normal für einen jungen Menschen. Das Elternsein aber zeigt Ihnen eine neue Dimension der Liebe – wo Sie sich selbst in Ihrem Leben, zumindest vorübergehend, an zweite Stelle setzen und über einen viel längeren Zeitraum damit belohnt werden, ein anderes Leben wachsen zu sehen. Hundertprozentig engagierte Eltern zu werden verändert Sie. Es lässt Sie wachsen. Es macht Sie zu einem vollständigeren Menschen.

Leben heißt wachsen und sich verändern. Sich über sein altes Selbst hinaus zu einem neuen Selbst bewegen, viele Male. Und dabei muss man manches aufgeben.

Erinnern Sie sich, dass Sie als Kind dachten, Sie wüssten, was es heißt, verliebt zu sein? Und wie Sie festgestellt haben, dass Sie, bis Sie es selbst erlebt hatten, tatsächlich keine Ahnung von Liebe hatten?

Engagierte Elternschaft ist genauso.
Die Veränderung, die darin liegt, können Sie sich nicht vorstellen, bis Sie sie selbst erfahren.

Vielleicht liegt es an dem Mangel an Ritualen oder
spiritueller Tiefe in unserer heutigen Welt,
oder an der Technisierung des Geburtsprozesses,
dass nicht jeder, der ein Kind hat, auch spürt,
wie sich sein Herz für das Kind erwärmt. Manchmal
geschieht das erst später.

Sich zu engagieren ändert alles.

Wenn Sie spüren, dass Sie für Ihr Kind sterben
würden, ist es gar nicht mehr schwer, andere Opfer
zu bringen.

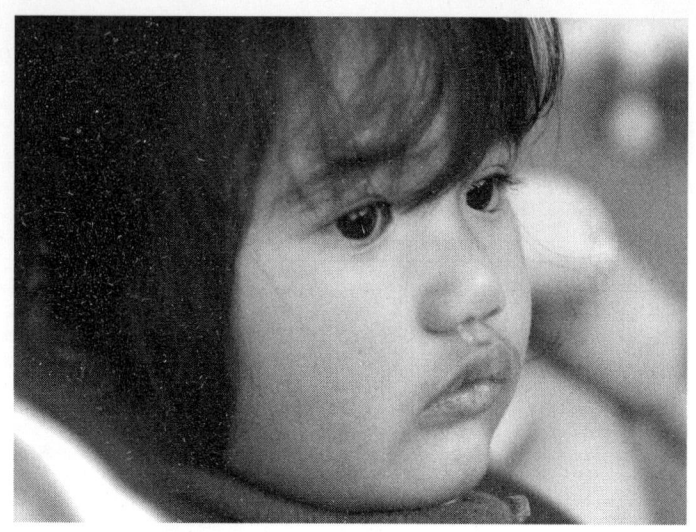

Betrachten Sie es einmal so: Was, wenn diese
Entscheidung, dieses herzzerreißende Dilemma,
über das in so vielen Zeitschriften und Fernseh-
sendungen berichtet worden ist, auf diese einfache
Frage reduziert werden kann …

Wenn Sie sich zwischen einer Kinderkrippe für
Ihr neugeborenes Baby und ein paar Jahren
zu Hause entscheiden, entscheiden Sie sich da
nicht zwischen einem egozentrischen Leben und
einem Leben voller Liebe?
Und wenn das so ist, welcher Weg wird Ihnen auf
Dauer die größere Erfüllung schenken?

Eine Frage des Gleichgewichts

Die Anforderungen, die in den ersten Jahren an
die Eltern gestellt werden, bleiben nicht für immer
die gleichen. Wenn Sie ein Kind unter drei Jahren
haben, kann vielleicht einer von Ihnen arbeiten
gehen und der andere zu Hause bleiben. Vielleicht
können Sie sich auch abwechseln. Auch der Arbeits-
markt sollte sich ändern, sollte jungen Eltern kürzere
und flexiblere Arbeitszeiten bieten.

Junge Familien stellen eine treibende Kraft für die Wirtschaft dar, doch die Wirtschaft gibt kaum etwas zurück. Warum sollten wir uns wie Legehennen dem Diktat der Maschinen unterwerfen?

Wie viel besser ist es doch, Ihr Kind selbst langsam, in Ihrem eigenen Rhythmus zu erziehen, auch wenn das weniger Geld und geringere materielle Sicherheit bedeutet. Ist es das nicht wert?

Kinderkrippen und Kindergärten sind in harten
Zeiten eine große Hilfe. Und sie sind angebracht,
wenn Ihr Kind drei oder vier Jahre alt ist, die
Schwierigkeiten des Kleinkindalters gemeistert hat,
Spaß daran hat, unter nicht allzu großer Aufsicht
mit anderen Kindern zu spielen, und in der Lage ist
zu begreifen, dass Sie es bald wieder abholen
kommen. Wenn Sie krank sind, eine schwere Zeit
haben oder aus schierer Armut gezwungen sind zu
arbeiten, sind Kinderkrippen ein wahrer Segen.
Aber sie können niemals dasselbe leisten wie
das Zusammensein mit Oma, Opa, Tante, bester
Freundin, Papa oder Mama.

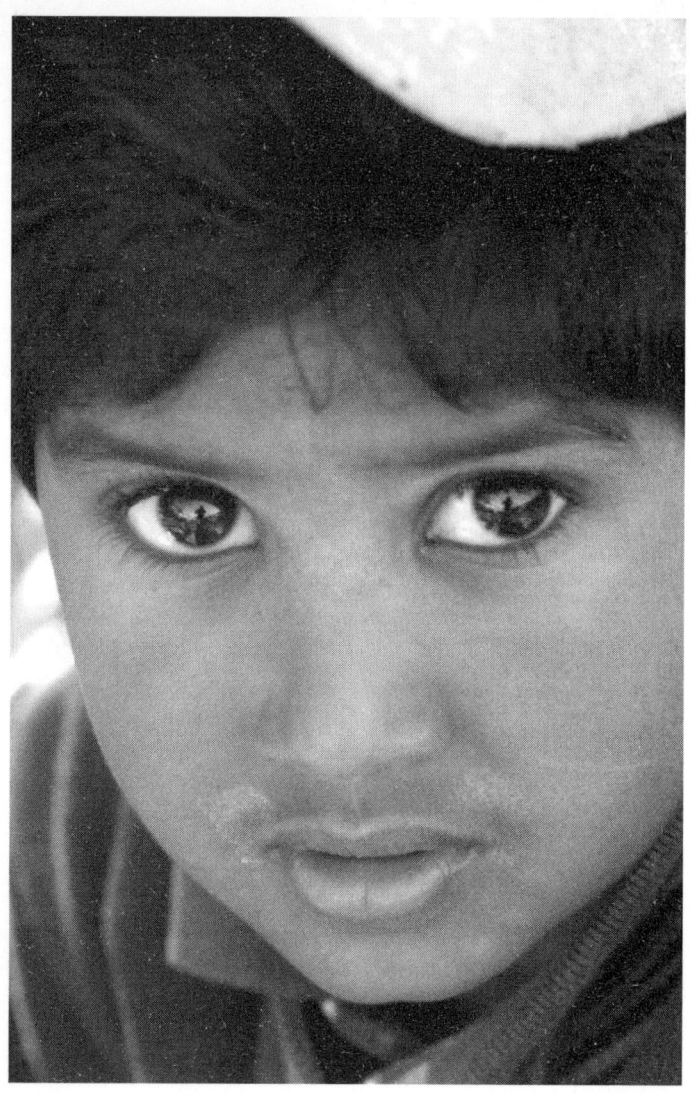

Wenn Eltern gezwungen sind, ihr Kind in eine
Krippe zu geben, gezwungen sind zu arbeiten,
dann ist das eine nationale Schande. Eine Regierung
sollte so etwas nicht zulassen. Alle Eltern sollten das
Recht haben, in den wertvollen ersten Jahren auch
Eltern zu sein. Sie sollten Elternzeit nehmen können
und Erziehungsgeld bekommen, um in den ersten
zwei, drei Jahren zu Hause bleiben zu können.
Mit seinem kleinen Kind Zeit verbringen zu dürfen
sollte kein Privileg der Reichen sein.
Lassen Sie uns ehrlich sein: Die ersten Lebensjahre
in der Kinderkrippe zu verbringen ist nichts im
Vergleich zu einer Kindheit in einem liebevollen
Elternhaus. In der Krippe erfährt das Kind keine
enge, liebevolle Bindung. Es wird keine sanfte
Selbstdisziplin lernen. Es lernt, sich anzupassen
und zurückzustecken. Es lernt darum zu kämpfen,
die Nummer eins zu sein, sich durchzusetzen, zu
manipulieren, um zu bekommen, was es will –
hervorragendes Training für die globale Wirtschaft?
Wenn ein Kind zu viel Zeit in einer Krippe verbringt,
lernt es vielleicht auch, dass es niemandem viel
bedeutet. Das Betreuungspersonal kommt und geht,
und das Kind erfährt, dass es sich nicht lohnt, sich
um enge Beziehungen zu bemühen. Dass das Leben
aus Hetze und Kampf besteht.

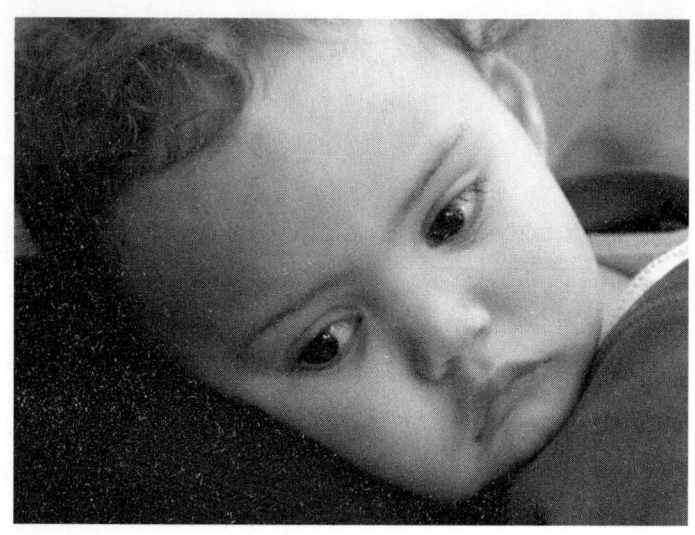

Als Eltern haben Sie die Wahl.
Sie können entscheiden.

Es liegt in Ihren Händen, für dieses Baby zu
sorgen oder sich nicht darum zu kümmern.

Kurz und bündig

Die Argumente in diesem Buch kommen sowohl aus dem Herzen wie auch aus dem Kopf. Vielleicht denken Sie, dass man Entscheidungen nicht auf diese Weise fällen, sondern stattdessen rational und kühl entscheiden sollte. Immer öfter aber machen wir die Erfahrung, dass Herz und Verstand hervorragend zusammenarbeiten und eine »emotionale Intelligenz« bilden. Dass die besten Leute aus liebevollen Elternhäusern kommen, wo auch das Herz seinen Platz hat.

Es mag sein, dass die Lektüre dieses Buches Sie wütend macht. Es kann sein, dass es Sie schrecklich unglücklich macht und Sie sich wünschen, Sie könnten bereits getroffene Entscheidungen wieder rückgängig machen. Oder vielleicht bestätigt es das, was Sie schon immer tief in Ihrem Herzen wussten und gibt Ihnen den Mut, trotz des Drucks von außen zu Ihren Entscheidungen zu stehen.

Die Welt will nicht, dass Ihre Kinder glücklich und zufrieden sind – sie will, dass Sie und Ihre Kinder ständig besorgt sind, damit Sie immer mehr konsumieren, immer mehr arbeiten, um noch mehr ausgeben zu können. Das ist der neue Geist der Globalisierung.

Die Einstellung des Autors liegt auf der Hand:
Als Psychologe mit fünfundzwanzigjähriger
Erfahrung habe ich keinen Zweifel, was das Beste
für Kinder ist. Aber ich kann damit leben, wenn Sie
anderer Meinung sind. Vielleicht irre ich mich,
vielleicht sind meine Schlussfolgerungen in Ihrer
persönlichen Situation völlig falsch. Vielleicht
haben Sie auch einfach keine Wahl.

Aber eins ist klar: Da ich ganz deutliche Worte
aus vollem Herzen spreche, erwarte ich von Ihnen,
dass auch Sie ganz ehrlich sind. Dass Sie mit
offenen Augen und klarem Bewusstsein handeln
und nicht aus einem Nebel aus Vermutungen
oder aus blinder Konformität heraus.

Wie auch immer Sie sich entscheiden, meine guten
Wünsche begleiten Sie. Schließlich bin auch ich nur
ein Vater mit ganz alltäglichen Schwierigkeiten.

Entscheiden Sie ganz für sich. Es wird die
richtige Entscheidung für Sie sein, wenn Sie
sie mit Verantwortung treffen.

Steve Biddulph

TEIL II

Kapitel 1

Wie ist es so weit gekommen?

Eine weinende Mutter am Telefon ...

Es ist im Nachhinein oft schwierig, genau zu bestimmen, wann etwas angefangen hat. Für mich begann es vor etwa dreißig Jahren. Ich war damals ein junger Psychologe und stand am Beginn meiner Karriere. Den entscheidenden Moment habe ich noch lebhaft in Erinnerung.

Es war etwa neun Uhr morgens, und ich saß gerade an meinem Schreibtisch, als das Telefon läutete. Die Anruferin war in Tränen aufgelöst. Zunächst wusste ich nicht, wer am Apparat war, aber einen Moment später erkannte ich die Stimme einer Freundin, eine junge Sozialarbeiterin, die kürzlich Mutter geworden war. Ich hatte sie seit der Taufe ihres Sohnes ein paar Monate zuvor nicht mehr gesehen.

Sie rief von ihrem Arbeitsplatz aus an. Es war ihr erster Tag nach viermonatiger Babypause, und sie war sehr mitgenommen. Nachdem wir einige Sätze ausgetauscht hatten, versiegten ihre Tränen, und sie entschuldigte sich für den Gefühlsausbruch. Ihre Stimme hatte jedoch nichts von ihrer Emotionalität verloren. Ihr Problem war, dass sie gerade ihren kleinen Sohn zum ersten Mal allein gelassen hatte, in einer Kinderkrippe ein paar Kilometer von ihrer Arbeitsstelle entfernt. Das war schon lange vor der Geburt des Babys so geplant gewesen. Aber das Baby war sehr unglücklich, dass es nun bei Fremden bleiben sollte, und die Mutter war ebenso unglücklich. Sie konnte sich nicht auf ihre Arbeit konzentrieren und fragte sich, ob sie nicht gerade einen schrecklichen Fehler machte.

Meine Arbeit als Therapeut gründet sich darauf, grundsätzlich das Recht eines jeden Menschen zu respektieren, in einem vernünftigen Rahmen seine eigenen Entscheidungen zu treffen. Jeder, den man im Supermarkt oder im Bus trifft, wird einem gern seine persönliche Meinung darüber mitteilen, was man besser mit seinem Leben anfangen sollte, aber der Job eines Therapeuten ist der, einem Menschen zu helfen, seine eigenen Herzenswünsche und seine eigene Einschätzung dessen, was für ihn richtig ist, zu erkennen. Schließlich müssen *Sie* damit leben.

Die Anruferin wusste also, was sie von mir erwarten konnte, sie war schließlich ebenso ausgebildet worden. Sie war in ihrem Beruf angesehen und arbeitete innovativ, darüber hinaus war sie ein wunderbarer Mensch. Wenn ich sehr unglücklich gewesen wäre, hätte ich sie oder jemand anderen aus dem kleinen Freundeskreis, der am Beginn aller unserer Karrieren entstanden war, wahrscheinlich auch angerufen.

Wie sprachen ihr Problem durch. Ich wusste, dass die meisten Leute so etwas gesagt hätten wie: »Ich bin sicher, dass es deinem Baby jetzt gut geht. Die Erzieherinnen wissen schon, wie man am ersten Tag mit den Babys umgeht. Ein paar Minuten, nachdem du fort warst, wird es ihm schon wieder richtig gut gegangen sein. Denk einfach nicht mehr daran und konzentriere dich auf deine Arbeit. Wenn du dein Baby nachher abholst, wird es glücklich und zufrieden sein« – oder ähnliche Plattitüden. Aber ich sagte nichts dergleichen. Ich habe sie lediglich nach den Gründen für ihre Entscheidung gefragt. Was sie mir sagte, war sehr aufschlussreich und gleichzeitig schockierend, aber ich habe es seitdem immer wieder gehört.

Wie die meisten erwachsenen Frauen (und für viele Männer gilt das übrigens ebenso) traf sie die Entscheidung, rasch wieder an ihren Arbeitsplatz zurückzukehren, aus einem Wust unterschiedlicher Bedürfnisse und Erwartungen vieler verschiedener Menschen heraus. Alle ihre Freundinnen hatten ihre Kinder mit drei, sechs oder zwölf Monaten in eine Kinderkrippe gebracht und waren dann wieder den ganzen Tag arbeiten gegangen. Das galt in ihrem Bekanntenkreis als normal und war deshalb das, was man von ihr ebenfalls erwartete. Ihr Mann wollte, dass sie wieder arbeitete, denn sie brauchten das

Geld, um ihre Finanzplanung nicht zu gefährden. Ihr Chef wollte sie so schnell wie möglich wieder im Sattel sehen, denn sie war eine geschätzte Arbeitskraft. Aber irgendetwas fehlte in diesem Bild: Was wollte *sie selbst*?

Bis zu diesem Zeitpunkt hatte sie das noch nicht richtig herausgefunden gehabt. Was sie nun erlebte, war nicht nur die Panik, zum ersten Mal von ihrem Baby getrennt zu sein. Sie hatte ein derart schlechtes Gefühl dabei, wie sie es absolut nicht erwartet hätte. Rückblickend hatte sie sich schon seit langem vor diesem Tag gefürchtet. Sie hatte die letzten Monate in Zweisamkeit mit ihrem Baby verbracht, was natürlich auch anstrengend gewesen war, aber sie fühlte sich wie frisch verliebt. Sie wollte diese besondere und wertvolle Zeit, wo ihr kleiner Junge so rege war und sich so schnell entwickelte, nicht missen. Ihre moderne, feministische Unabhängigkeit kämpfte mit ihren tiefsten Gefühlen und mit ihren Überzeugungen bezüglich der Prioritäten im Leben. Während wir redeten, verschwanden ihre Gefühle nicht etwa. Sie wurden im Gegenteil sogar stärker, und zwar in dem Moment, in dem ihre Gefühle, ihre Wertvorstellungen und Überzeugungen zusammenfanden. Sie beschloss, noch für denselben Tag einen Termin mit ihrem Chef zu vereinbaren, um gemeinsam mit ihm eine andere Lösung zu finden. Schlussendlich blieb sie noch ein weiteres ganzes Jahr zu Hause und arbeitete danach halbtags.

Sie war enorm erleichtert und glücklich. Sie hatte auch das Glück, einen verständnisvollen Arbeitgeber zu haben, der ihre Entscheidung unterstützte. Mehr zum Thema Arbeitgeber aber später.

In den folgenden Jahren, in den Achtzigern, den Neunzigern und im neuen Jahrtausend habe ich beobachtet, dass in vielen Ländern rund um den Globus die Zahl der Säuglinge und Kleinkinder, die in Kinderkrippen untergebracht werden, stetig und dramatisch angestiegen ist. Und ich habe mir Krippen angesehen und das Leben, das die Kinder dort führen, beobachtet. Mein Unbehagen wuchs, und später begannen sich Beweise zu häufen, die meine Wahrnehmung bestätigten, bis ich nun das Bedürfnis, dieses Buch zu schreiben, nicht länger zurückhalten konnte. Es ist an der Zeit, dass ein paar ehrliche Sätze gesagt werden und die Menschen anfangen, sich gegen die Maschinerie der modernen Welt zur Wehr zu setzen.

Menschen oder Profit?

Die Gefühle und Ideologien rund um das Thema Betreuung von Säuglingen in Kinderkrippen kochen hoch – und das ist auch gut so. Schließlich steht eine Menge auf dem Spiel. Unsere gesamte Gesellschaft fußt heute darauf, dass jeder Erwachsene ein Rädchen im Getriebe der allgemeinen Arbeitskraft wird. Wenn wir nicht gerade damit beschäftigt sind, Geld zu verdienen, dann geben wir es aus. Andere Aspekte des Lebens, die sich nicht auf unserem Konto niederschlagen, zählen oft nicht für ein solches menschliches Leben. Die ganz Alten und die ganz Jungen, die Behinderten und die Kranken sind in diesem Sinne wertlos. Sie sind Unannehmlichkeiten, die man in den Griff bekommen muss. Sogar der Feminismus, die progressivste Bewegung von allen, scheint diesen Weg zu gehen: Den Männern gleichberechtigt zu sein heißt, so zu leben wie ein Mann, der sein Leben lang Brötchen verdienen muss. Das ist nicht gerade eine Befreiung, sofern Sie nicht eine von den wenigen Glücklichen sind, die ihre Arbeit über alles lieben. Auch die linke Politik bietet keine Alternative – alle gehen den »Mittelweg« und messen dem Wirtschaftswachstum den gleichen Wert zu wie es die konservative Politik tut.

Aber diese Art zu denken ist furchtbar unmenschlich und furchtbar kurzsichtig. Ich möchte an dieser Stelle meine innerste

Überzeugung kundtun, die sich ganz leicht sowohl logisch wie auch spirituell und emotional verteidigen lässt: *Es gibt nichts Wichtigeres in diesem Leben als die Erziehung unserer Kinder.*

Unser Leben wird bald vorüber sein, egal wie viele tolle Dinge wir tun, wie viele Luxusgüter wir konsumieren, wie viele Reisen und Erfahrungen wir uns gönnen. Bald werden wir zu Asche verbrannt und im Erdreich aufgegangen sein, und all das zählt nicht mehr. Was wir aber an unsere Kinder weitergeben von uns und unserem Charakter, von unserer Liebe und unserem Wissen, werden diese ebenfalls an ihre Kinder weitergeben und generationenlang so weiter. Unsere Kinder sind alles, was von uns bleiben wird. Wir werden bei Freunden, Arbeitskollegen und mit ein bisschen Glück noch bei ein paar anderen einen kleinen Eindruck hinterlassen. Ein paar von uns leisten mit einer Erfindung, einem Kunststück oder einem schönen Garten noch einen Beitrag zur menschlichen Kultur. Aber unsere Kinder werden von uns geformt, und das ist eine große Verantwortung. Was am Ende von unserem Leben übrig bleibt, ist nichts Ökonomisches, sondern steckt in den Menschen, die wir hinterlassen.

Wenn nun eine hitzige Debatte über das Wesen der Elternschaft losbricht, dann ist das gut so. Dies sind die Themen, die auf den Titelseiten der Zeitungen sein sollten, wohin sie auch zunehmend gelangen. Die Nutzung von Krippen für die Betreuung von Kleinkindern und die Frage, ob das gut oder schlecht ist, sind in den vergangenen dreißig Jahren stärker untersucht worden als jeder andere Aspekt der Kinderpsychologie, und die Diskussionen darüber werden auch noch weiter fortgeführt werden. Und endlich tragen diese Untersuchungen und Studien Früchte: Es treten überraschende und bedenkliche Fakten zu Tage, unbestreitbare Fakten aus der Hirnforschung und aus groß angelegten Langzeitstudien, die ich in den folgenden Kapiteln knapp zusammenfassen werde.

Weltweit verkünden die Schlagzeilen, dass irgendetwas in der Art und Weise, wie wir unsere Kinder erziehen, nicht stimmt und dass wir eine andere Richtung einschlagen müssen, wenn wir der Zukunft mitfühlende, geistig gesunde und sozial starke junge Leute schenken möchten.

Die große Frage

Richten wir die Kindheit zugrunde und bringen geschädigte und veränderte menschliche Wesen hervor? Millionen von Kindern, sogar schon die ganz kleinen, gehen heute täglich viele Stunden lang in eine Kinderkrippe. In Deutschland werden cirka 200 000 Babys und Kleinkinder bis zum Alter von drei Jahren in Krippen betreut.

Das ist ein gänzlich neues Phänomen in der Geschichte der Menschheit. Es waren vor allem wirtschaftliche Gründe, die dazu geführt haben, und zwar ohne vorausgegangene Untersuchungen und wissenschaftliche Studien (anders als beispielsweise bei der Einführung des Kindergartens, der genau auf die Bedürfnisse der altersgemäßen kindlichen Entwicklung konzipiert wurde). Wenn es sich tatsächlich herausstellt (und im Moment sieht es ganz so aus), dass frühe Fremdbetreuung, sogar in geringem Maße, schädlich ist, dann sind davon Millionen von Leben betroffen. Vor allem in den USA, wo dies eher die Norm ist, wird gerade eine ganze Generation aufgezogen, die sich von den Zehntausenden vorangegangener Generationen, die zu Hause erzogen wurden, in sozialer Hinsicht unterscheidet. (Nur wirklich wenige Leute – am wenigsten die Amerikaner selbst – sind glücklich über die Veränderungen der amerikanischen Gesellschaft.) In der Tat beobachtet man in den meisten Ländern einen rasanten Anstieg an mentalen Problemen bei Jugendlichen (Selbstmord und Depressionen), Aufmerksamkeitsdefiziten, Verhaltensauffälligkeiten in der Schule, Gewalt, Essstörungen und Drogenabhängigkeit und auch Schwierigkeiten, dauerhafte Bindungen einzugehen und eigene Kinder zu erziehen. Die Krippen sind nicht unbedingt die Ursache für all diese Probleme, aber sie sind wahrscheinlich Teil der Misere – zusammen mit der Hetze und der Einsamkeit, die heute in den Familien vorherrschen, und dem unglaublichen Stress, den unser wirtschaftliches System den Müttern und Vätern auferlegt, sodass sie sich zwischen Kindern und Karriere entscheiden müssen. Da liegt viel im Argen, und das beunruhigt alle, die beruflich mit der Entwicklung von Kindern zu tun haben: Eine wahre Epidemie mentaler Labilität ist ausgebrochen, die sich in Form von Gewalt auf unseren Straßen äußert, sich niederschlägt in Psychologenrechnungen und der Freudlosigkeit, die allerorten zu beobachten ist.

> EINE DEBATTE WIE DIE DARÜBER, ob schon kleine Babys in Krippen betreut werden sollten, kann sehr hitzig werden, bringt aber vielleicht nur wenig Erkenntnis. Deshalb ist es sehr wichtig, dass wir überlegt an dieses Thema herangehen.

Die Forschungsergebnisse, die wir uns in Kapitel 3 genauer ansehen werden, zeigen, dass Krippen nur ungern für Kinder unter zwei Jahren genutzt werden, und dass, je weiter entwickelt ein Land ist, die Eltern umso weniger bereit sind, diese Art der Betreuung zu unterstützen, sondern eher Erziehungsgeld, flexiblere Arbeitszeiten und später eine stückweise Rückkehr in einen sicheren Job mit Fortbildungsmöglichkeiten bevorzugen würden. Dahinter steckt die Erkenntnis, dass wir die Kinderbetreuung ebenso wie die Pflege der Alten und die gegenseitige Sorge um einander unterschätzt haben und dass der

Preis, den die Wirtschaft für den Niedergang von Städten und Dörfern zahlt, enorm hoch ist. Die Familie liegt jedoch im Kern dieses Problems. Die Erziehung von schon ganz kleinen Kindern in kommerziellen Kinderkrippen mit ihrer sterilen Einrichtung und ihren unterbezahlten, gelangweilten Erzieherinnen wird eines Tages als kurze, schreckliche Zeit in der Menschheitsgeschichte betrachtet werden, ebenso wie Füttern nach Zeitplan, Kinderarbeit und Internate für Erstklässler. Es scheint, dass die Menschheit nur aus Fehlern lernt.

In den folgenden Kapiteln werde ich Ihnen die Forschungsergebnisse vorstellen und über die entscheidenden Dinge sprechen, die in den ersten drei Lebensjahren passieren, und auch darüber, weshalb wir diese mit so großer Vorsicht gestalten müssen, um unsere Kinder zu vollwertigen Menschen zu erziehen. Ich werde Ihnen helfen, eine Entscheidung für eine Kinderbetreuung zu treffen, die sowohl Ihre eigenen Bedürfnisse wie auch die Ihres Kindes berücksichtigt. Und ich werde eine Philosophie für ein Leben darstellen, das tiefer, wahrhaftiger und reicher ist als das, welches sich die Industriestaaten vorstellen, nämlich wie ein hilfloses Schaf den Weg von Gier und endlosem Konsumieren zu gehen. Lassen Sie uns aber dieses Kapitel mit einer weiteren persönlichen Geschichte beenden:

In der Welt der Kinderkrippen

Im Jahr 1999 reiste ich durch Deutschland, um in verschiedenen Städten Vorträge über Kindererziehung zu halten. Ich mag die Wärme und die Hingabe, die junge deutsche Eltern ihren Kindern gegenüber zeigen, und sie scheinen mich auch zu mögen – meine Bücher haben sich dort mehr als eine Million mal verkauft. Aber auf dieser Reise passierte etwas Ungewöhnliches. Ich erhielt plötzlich Einblick in eine mir bislang fremde Welt.

Mein deutscher Verleger rief mich an und sagte mir, dass der Vorsitzende der Kinderbetreuungseinrichtungen einer Stadt mich gern so bald wie möglich treffen würde. Mein Buch *Weitere Geheimnisse glücklicher Kinder* war kurz zuvor erschienen, darin äußere ich bereits meine Bedenken hinsichtlich der möglichen Risiken, Kinder zu früh fremdbetreuen zu lassen. Einige Eltern, die ihre Kinder in den Krippen dieser Stadt angemeldet hatten, hatten das Buch gelesen und waren nun unglücklich und mit dem Gefühl in die Krippe gekommen, ihrem Kind zu schaden, indem sie es zu früh dort abgaben. Schließlich fand sogar ein Treffen aller Direktoren von Kinderkrippen in dieser Stadt und der betroffenen Eltern statt, um mir den »Kopf zu waschen«.

Ich ging mit dem Gefühl zu dem Treffen, mich verteidigen zu müssen, aber ich freute mich auch auf ein Gespräch, von dem wir alle etwas lernen konnten. Es ging um ein Thema, das mich leidenschaftlich beschäftigt, wenn es sich auch um unwegsames Gelände handelt, weil es hier keine Einteilung in schwarz und weiß gibt. Als ich ankam, war die Szenerie nahezu Furcht erregend. Etwa dreißig Menschen saßen an Tischen, die zu einem großen Kreis angeordnet waren. An meiner Seite hatte ich nur meinen Verleger und meine Übersetzerin, eine 25-jährige angehende Kinderärztin.

Da niemand so recht wusste, wie man anfangen sollte, ergriff ich die Initiative, begrüßte alle und dankte ihnen für die Gelegenheit, sie zu treffen. Über meine Übersetzerin erzählte ich ihnen von einer Begebenheit, die sich erst kürzlich in Sydney, ganz in der Nähe meines Wohnortes, zugetragen hatte. Eine junge Mutter, eine Jurastudentin, hatte ihr erstes Baby zur Welt gebracht und es, als es *vier Tage* alt war, in eine Krippe gebracht, um mit ihrem Studium fortzufahren. Dort blieb es von sieben Uhr morgens bis abends um sechs, und das an fünf Tagen in der Woche. Im ganzen Raum machte sich daraufhin

Entsetzen breit. Die Krippenleiterinnen, alles Frauen zwischen vierzig und sechzig, die einen warmherzigen Eindruck machten, ließen einen wahren Sturm von Fragen und Kommentaren auf mich los, den meine Übersetzerin für mich so zusammenfasste: »Wie konnte sie das tun?«, »Ist das überhaupt rechtmäßig?«, »Das ist doch nicht in Ordnung!«

»Nun«, fragte ich, »könnte das in Deutschland nicht passieren?« Nein, antworteten sie, das sei gesetzlich nicht zugelassen. Ich fragte, ab welchem Alter es zugelassen sei. Ab drei Monaten, sagten sie mit bestimmter und überzeugter Miene. Ach, fragte ich, und was ist mit drei Monaten anders? Sie zögerten, niemand schien die Antwort zu wissen. Eine Teilnehmerin versuchte es, aber alle wussten, dass sie sich auf dünnem Eis bewegten. Von »gesundheitlichen Gründen, psychologischen Gründen« war die Rede. Jedem im Raum war klar, dass im Alter von drei Monaten überhaupt nichts Besonderes passiert. Kein psychologisches Lehrbuch sagt, mit zweieinhalb Monaten braucht man seine Mutter, mit dreieinhalb nicht mehr. Diese Regelung ist ein Kompromiss, ein von Wirtschaft und Politik gezogener Strich im Sand. Wenn man von der kindlichen Entwicklung ausgegangen wäre, hätte man vielleicht zweieinhalb Jahre genannt. Aber auch das trifft nur für manche Kinder zu. Und nicht an fünf Tagen in der Woche. Bei Jungen wahrscheinlich sogar erst später. Und nur, wenn das Kind ein sehr stabiles Verhältnis zu seinen Eltern hat. Vielleicht aber auch früher, wenn man unbedingt arbeiten muss oder sonst durchdreht. Mit anderen Worten: Die Entscheidung ist wahnsinnig kompliziert.

Es gibt durchaus einige strenge Richtlinien. Wenn Sie aber jemanden, der in einer Kinderkrippe arbeitet, fragen, wenn niemand sonst zuhört, wird derjenige ganz klar seine Meinung sagen. »Wir finden das schrecklich, wenn sie ihre Babys hier zurücklassen. Auch die Kleinkinder sind oft noch so traurig. Es ist schwer, sie ständig abzulenken. Sie brauchen einen Menschen ganz für sich.« Die Erzieherinnen wissen das alle und sind damit nicht glücklich. Den Eltern aber zeigen sie ein lächelndes Gesicht. Das ist das Erste, was man bemerkt, diese stille Verschwörung. *Die Krippenbetreuung der ganz Kleinen basiert auf einer Lüge!*

Das Treffen war aber noch nicht zu Ende. Der Hauptpunkt stand noch aus: die verärgerten Eltern. Allerdings war von ihnen nur ein Einziger gekommen. Ich sah mich um, wer es sein könnte – es war nicht schwer zu erraten. Außer mir war er der einzige Mann im Raum. Er war Mitte dreißig, hatte kurz geschnittene Locken, trug eine Metallbrille und einen braunen dreiteiligen Anzug, sein Gesicht war rot und der Ausdruck darauf ärgerlich.

Seine Frau hatte mein Buch gelesen und war nun unglücklich. Sie war nicht mitgekommen. Es war schwierig, mit ihm durch die Übersetzerin zu reden. Mein Kopf sagte mir, das ist dein Klient, sei freundlich und verständnisvoll, aber mein Bauch wollte ihm eine gründliche Lektion verpassen. Es wäre unfair, diesen Mann zum Stereotyp zu machen, ich konnte ihn unter den gegebenen Umständen nicht richtig kennen lernen. Ich musste aber immer an einen bestimmten Typ Mann denken, der mir im Laufe meiner vielen Jahre als Psychologe immer wieder begegnet ist: Die Frau bleibt zu Hause, unglücklich und gestresst mit entweder einem kleinen Baby oder widerspenstigen Kleinkindern, während er ein schönes, aufgeräumtes Zuhause, gebügelte Hemden und ein warmes Abendessen erwartet. Dieser Typ Mann zerrt seine Frau in meine Praxis, damit sie wiederhergestellt wird. In den Neunzigern wollte er sogar noch mehr: Seine Frau sollte ebenfalls arbeiten und Geld dazuverdienen und vor allem keine Gefühle zeigen, nicht unglücklich sein, alles sollte seine Ordnung haben. Vielleicht war ich diesem einen Mann gegenüber unfair. Aber je mehr er sagte, desto mehr war ich davon überzeugt, dass dieses Muster auch hier zutraf. Mein Buch hatte seine Frau unglücklich gemacht, weil sie in tiefstem Herzen meiner Ansicht zustimmte. Das Buch hatte ihr ein Werkzeug in die Hand gegeben, sich gegen ihn aufzulehnen. Sie wollte ihren Job aufgeben. Ich hatte seine häusliche Ruhe gestört und bedrohte seine Pläne vom doppelten Einkommen.

Ich würde Ihnen nun gern von einer fachmännisch geführten, überzeugenden Diskussion berichten, aber durch die sprachlichen Hürden und die ungute Situation (mit zwanzig Fachleuten als Zuschauern wollte keiner von uns das Gesicht verlieren) kamen wir zu keinem Ergebnis. Manchmal ist es im Leben eben so.

Das war jedoch noch nicht alles, was an diesem Tag geschah. Ein weiteres aufschlussreiches Ereignis sollte noch folgen – ganz so, als ob Gott oder das Schicksal auch ganz sichergehen wollte, dass die Botschaft ankam. Was als Nächstes passierte, werde ich nie vergessen. Das Treffen war beendet, die Versammlung löste sich auf. (Ich hörte später, dass die meisten Krippenleiterinnen mit mir einer Meinung waren, sie verstanden die ganze Aufregung eigentlich nicht, waren aber gebeten worden, an dem Treffen teilzunehmen, um ihm mehr Gewicht zu verleihen.)

Bevor auch wir gingen, wurden wir noch durch das Gebäude geführt, damit wir sehen konnten, was den Kindern hier geboten wurde. Es war eine schöne Einrichtung, ein Palast im Vergleich zu den durchschnittlichen Vorortkrippen in den USA, in England oder Australien. Die polierten Holzböden glänzten, Sonnenlicht strömte durch die großen Fenster, ich konnte das pflanzliche Desinfektionsmittel auf den Matratzen riechen, wunderschönes Holzspielzeug war in hübschen Regalen gestapelt. Ich konnte aber keine Kinder sehen. Wo waren die Kinder? Wir wurden nach draußen geleitet, wo etwa zwanzig Kinder unter blühenden Bäumen in der fahlen Nachmittagssonne spielten, betreut von einigen jungen Frauen um die zwanzig.

Das Nächste, was passierte, war sehr lehrreich, obwohl ich es schon oftmals zuvor beobachtet hatte. Die Kinder scharten sich um uns, um unsere Aufmerksamkeit zu ergattern. Es war ein schöner Moment; auf Reisen hat man nur wenig Gelegenheit, mit Kindern zu reden oder zu spielen. Ich fühlte mich plötzlich wie der Weihnachtsmann. Sie drängten sich an uns, jedes wollte Aufmerksamkeit, wie Kühe im Winter, wenn der Bauer ein paar Ballen Stroh aufs Feld bringt.

In diesem Alter bauen die Kinder noch keine richtige Beziehung zueinander auf, sie spielen noch nicht zusammen, sondern jedes für sich. Im besten Falle verläuft das friedlich; Psychologen nennen es nebeneinanderher spielen. Im schlimmsten Fall sind sie Feinde, die um ein Spielzeug streiten, Dinge nacheinander werfen oder sich hauen. Dies zu verhindern ist die Hauptbeschäftigung der Erzieher. Die Aggression ist unterschwellig stets vorhanden – ein Einjähriger, zu dem ich mich hinhockte, um mit ihm zu reden, wurde plötzlich von einem eifersüchtigen Kleinkind mit einer Hand voll Sand beworfen, und eine Erzieherin rannte herbei, um die beiden zu beruhigen und zu säubern.

Den bedeutsamsten Moment des Nachmittags nahm ich eigentlich kaum wahr. Meine Übersetzerin, die angehende Kinderärztin, erzählte uns davon, als wir später mit dem Auto abfuhren. Ein drei- oder vierjähriges Mädchen war zu ihr gekommen und hatte sich vor ihr aufgebaut und sie angesehen. Die junge Frau war sehr warmherzig und durfte das den Kindern auch zeigen (als Mann wird man da immer kritisch beäugt). Sie kniete sich zu dem Mädchen und wurde von diesem lange, zart und dabei doch besitzergreifend umarmt. Das Mädchen hing buchstäblich an ihr und wollte sie nicht loslassen.

Nach ein paar Minuten beendeten die beiden die Umarmung und sprachen leise miteinander. Das Mädchen hatte ein seltsames Ding in der Hand, es war eine Bandage, die verletzte Handgelenke stärkt. Sie sagte, sie müsse sie tragen, aber ihr Handgelenk täte weh. Meine Kollegin massierte dem Mädchen die Handgelenke, um ihm das Anlegen der Bandage zu erleichtern. In diesem Moment kam eine Erzieherin auf die beiden zu.

Sie sprach scharf und bestimmt: »Sie soll jetzt kommen, ihre Mutter ist da.« Und zu dem Mädchen: »Tu das sofort wieder um.« Meine Kollegin sagte etwas wie »Ich helfe ihr gerade, es anzulegen«, worauf die Erzieherin mit eiskalter Stimme zurückblaffte: »Wir haben hier keine Zeit für so was.«

Als ich die Geschichte hörte, musste ich noch einmal nachfragen, ob die Erzieherin das wirklich so gesagt hatte. Nicht etwa: »Für so was haben wir *jetzt* keine Zeit.« Nein, sie sagte: »Wir haben *hier* keine Zeit für so was.« Es dauerte lange, bis meine Kollegin sich wieder beruhigt hatte.

Sich den ganzen Tag um Kinder zu kümmern – anderer Leute Kinder – ist stressig und wird zudem auch nicht gut bezahlt. Die Kinder, die wir gesehen hatten, gehörten auch zu den Letzten, die abgeholt wurden; es war etwa halb sieben abends. Am Ende eines langen Tages sind besserwisserische Besucher, die im Weg stehen und die täglichen Abläufe durcheinander bringen, das Letzte, was man braucht.

Das, was mir nicht aus dem Kopf wollte, war die Umarmung. Ich hatte es aus dem Augenwinkel beobachtet, es war so ein verblüffender Anblick, der sich mir aus der Schar mich umringender Kleinkinder heraus bot. Ein kleines Mädchen umarmt eine fremde, aber warmherzige junge Frau drei, vier Minuten lang, als ob ihr Leben davon abhinge, und saugt die Wärme eines fremden Erwachsenen in sich auf.

Und ich hatte mich gefragt, wo bei der ganzen Sache das Problem ist?

Anmerkung der Übersetzerin:

Wann immer im Folgenden von den schädlichen Auswirkungen der Fremdbetreuung die Rede sein wird, gilt dies nicht allein für die Krippenbetreuung, sondern auch für jegliche andere Gruppenbetreuung, wie sie in Deutschland praktiziert wird. Dabei kann es sich um Familiengruppen in Kindergärten handeln oder um Tagesmütter, die oftmals fünf bis sechs Kinder, einschließlich Ihrer eigenen, betreuen.

Kapitel 2

Eine gravierende Veränderung

Erst handeln, dann denken

Das menschliche Verhalten war schon immer ein wenig problematisch. Wir neigen dazu, Dinge erst auszuprobieren und uns dann zu überlegen, ob das wirklich sinnvoll ist. Unsere mittlerweile fünfzig Jahre andauernde Liebe zum Nikotin spricht Bände, aber von dieser Art gibt es noch mehr Beispiele. Wir fuhren vierzig Jahre lang in Autos herum, bevor jemand den Sicherheitsgurt erfand. Wir haben jahrzehntelang Pestizide über den Globus verteilt, bevor wir gemerkt haben, dass auch wir davon vergiftet werden. Und wir sind uns immer noch nicht im Klaren darüber, ob es vielleicht doch nicht so gut ist, sich Handys an den Kopf zu halten.

Den größten Teil der Menschheitsgeschichte über wurden Kinder in Großfamilien erzogen, die aus den Eltern, Geschwistern, Großeltern, Onkeln, Tanten und so weiter bestanden. Eine halbe Million Jahre lang gab es kaum eine Gemeinde, die mehr als 200 Leute umfasste. Die Kinder waren immer bei den Menschen, die sie mochten oder die zumindest viel Zeit mit ihnen verbrachten. Dann aber, mit dem Hereinbrechen der Industrialisierung, änderte sich plötzlich alles. Mit der Zuwanderung in die Städte und Arbeitersiedlungen brachen die Großfamilien auseinander, sodass zum ersten Mal in der Menschheitsgeschichte die so genannte Kernfamilie – Mutter, Vater und Kinder – unabhängig vom Rest der Familie lebte. Zum ersten Mal entstand auch eine erkennbare Trennung der Arbeitsplätze: die Männer in bezahlter Arbeit in Industrie und Handel, die Frauen in unbezahlter Arbeit im Haus und bei den Kindern.

Mit dem Anbrechen des postindustriellen Zeitalters, wo weniger Muskelkraft, aber mehr Hirn gefragt war, nahmen auch immer mehr Frauen bezahlte Arbeit an. Der Feminismus beseitigte die weltanschaulichen Schranken, war aber leider in weiten Teilen wirtschaftlich motiviert. Die Arbeitgeber wollten Frauen.

Und die Frauen mussten arbeiten, denn die wachsenden Vororte waren einsame Gegenden, abgeschnitten vom eigentlichen Leben, und für viele Frauen war eine bezahlte Arbeit der Weg hin zu einem interessanteren Leben, das auch mehr Kontakt zu anderen Menschen ermöglichte und zu finanzieller Unabhängigkeit führte. Ehen konnten schließlich zerbrechen, und daher war es eine unsichere Angelegenheit, sich von der Unterstützung eines Mannes abhängig zu machen. Natürlich wollten nicht alle Frauen arbeiten, viele fühlten sich durch die gestiegenen Lebenshaltungskosten jedoch dazu gezwungen. Daraus entstand ein böser Kreislauf: Ehepaare mit doppeltem Einkommen konnten mehr für Haus, Wohnung und anderes ausgeben, sodass die Immobilienpreise stiegen und immer mehr Menschen auf zwei Einkommen angewiesen waren. Oftmals war es aber auch lediglich eine Art Lemmingverhalten: Weil jeder gerade neue Möbel oder ein neues Auto kaufte oder Fernreisen unternahm, dachten sich viele junge Paare, sie müssten sich das alles ebenso leisten können. In Australien, wo ich lebe, hat sich die durchschnittliche Größe eines Einfamilienhauses in den letzten zwanzig Jahren verdoppelt. Während ein junges Paar früher davon träumte, 250 Quadratmeter Land mit einem kleinen Haus darauf zu haben, bauen sie heute ein Haus, das bereits 250 Quadratmeter Wohnfläche und sechs Zimmer hat – und das müssen sie natürlich auch bezahlen können.

MIT DER KRIPPENBETREUUNG von sehr kleinen Kindern ist es ähnlich: Sie ist gewachsen wie Unkraut, ohne vorher richtig erforscht worden zu sein – jedenfalls nicht bis sie ein unverzichtbarer Bestandteil modernen Lebens wurde und fast ein Drittel aller Kinder in den Industrienationen betraf.

So hat eine Mischung aus sowohl guten wie auch schlechten Gründen (Not, Gier, Einsamkeit, der Wunsch, seine Fähigkeiten einzusetzen, und der heutigen, grausamen Trennung zwischen Zuhause und Arbeitsplatz) immer mehr Eltern zu einer Entscheidung gezwungen. Viele fühlten sich, als ob auf einer Streckbank von beiden Seiten an ihnen gezogen würde. Irgendeiner musste zurückstecken, und oftmals war es derjenige mit der leisesten Stimme – das Kind. Das Ergebnis war dann eine Tagesbetreuung; auf den ersten Blick eine gute Lösung, die versprach: Geh du zur Arbeit, wir können dein Kind genauso gut erziehen wie du, kein Problem.

> DIE ANZAHL DER KINDER, die tagsüber in Krippen und anderen Einrichtungen betreut werden, verdoppelte und verdreifachte sich in den meisten Ländern weltweit. In den USA verbringen mehr als die Hälfte aller Babys mehr Wachzeit in der Kinderkrippe als zu Hause, in Großbritannien sind es knapp die Hälfte, ungefähr ein Drittel in Australien und etwa 10 Prozent in Deutschland.

Gesetzlich reglementiert, gut durchorganisiert und meist auch staatlich gefördert wurde die Krippenbetreuung in allen Industrienationen eingeführt. Viele wohlmeinende Leute, die sich mit Familienförderung befassen, haben die Werbetrommel gerührt und darum gekämpft, dass die Regierungen mehr Kinderkrippen bauen ließen; die Städte und Gemeinden organisierten eigene Krippeneinrichtungen, und schließlich stiegen auch private Unternehmen ein und bauten Tausende von Betreuungseinrichtungen (etwa so wie McDonald's Hamburger-Restaurants gebaut und so die familiengeführten Lokale verdrängt hat, in denen man früher ein preiswertes Essen bekommen konnte). Das Ergebnis war eine gravierende Veränderung im Wesen der Kindheit: Zum ersten Mal in der Menschheitsgeschichte verbrachten eine große Zahl von Säuglingen und Kleinkindern den größten Teil ihrer Wachzeit gruppenweise in der Obhut von Fremden, zu denen sie keine Beziehung hatten. (Natürlich wurden auch andere, traditionellere Betreuungsarten wie Tagesmütter, Kindermädchen und das bezahlte oder unbezahlte Babysitten von Verwandten und Freunden häufiger genutzt, und so wurde zu einem gewissen Grade aufrechterhalten, was seit Zehntausenden von Jahren besteht.)

Interessanterweise aber haben Einwanderer, die aus weniger entwickelten Ländern kommen, immer eine starke Abneigung gegenüber der Krippenbetreuung gezeigt (tatsächlich schreckt die Vorstellung sie sogar ab) und die Betreuung durch Großmütter, Tanten, große Schwestern oder dem Kind nahe stehenden Freunden der Familie bei weitem vorgezogen. Ebenso lehnen Menschen mit geringem Einkommen die Krippenbetreuung eher ab und nehmen sie nur aus wirtschaftlicher Not heraus in Anspruch. Die Entscheidung zu treffen, sein Kind freiwillig und mit gutem Gewissen in einer Krippe betreuen zu lassen, dies sogar als Plus für das Kind zu sehen, scheint ausschließlich ein Phänomen der Mittelklasse zu sein. (Im letzten Kapitel werden wir einige der mutmaßlichen Gründe dafür erörtern.)

Die Tagesbetreuung von Kindern in Gruppen ist nicht grundsätzlich schlecht. Wie wir im Schlusskapitel sehen werden, ist es Teil des Hilfsnetzes, das Familien heute benötigen, um gut zu funktionieren. Ab etwa drei Jahren wird es für viele Kinder zur positiven Erfahrung, obwohl zu dem Zeitpunkt Kindergarten oder Vorschule, falls vorhanden, vorzuziehen sind. Wir sprechen hier aber von der übermäßigen Inanspruchnahme der Tagesbetreuung in einem Alter, in dem diese absolut ungeeignet ist. Kinderkrippen sind wie Antibiotika, Autos oder Einwegwindeln – sie werden manchmal benötigt, können aber leicht übermäßig oft in Anspruch genommen werden. Und wir müssen sehr gut auf die versteckten Kosten und die Risiken achten. Das Wiederholen beschwichtigender Plattitüden oder die gedankenlose Inanspruchnahme sind einfach nicht genug.

Slammer und Slider

Statistiken können leicht in eine falsche Richtung weisen und müssen daher mit Bedacht gelesen werden. Die Statistiken über die Inanspruchnahme von Krippenbetreuung für Kinder unter einem Jahr (dies ist der Zeitraum, mit dem sich die Experten hauptsächlich befassen) berücksichtigen nicht immer, wie lange ein Kind betreut wird, wie früh man damit anfängt und wie oft in der Woche dies vorkommt – je nachdem, ob die Mutter in Voll- oder Teilzeit arbeitet.

Erst kürzlich wurden einige dieser Statistiken »auseinander genommen«, sozusagen in Teile zerlegt, um herauszufinden, ob sich zwischen all den Durchschnittswerten noch Untergruppierungen versteckt halten. In der Tat sind sie vorhanden: Die Zahlen beweisen, dass es tatsächlich zwei verschiedene Muster bei der Inanspruchnahme der Krippenbetreuung gibt. Hier werden zwei unterschiedliche Weltanschauungen und Wertvorstellungen von Eltern deutlich.

ÜBRIGENS BEFASSEN SICH NUR sehr wenige Untersuchungen mit dem Vater, was sexistisch anmutet, denn auch er sollte zur Verfügung stehen, um das Kind zu erziehen. Schließlich ist er meist auch an der Entscheidung, wo das Kind betreut werden soll, beteiligt.

Die Forscher haben diese zwei Gruppen inoffiziell als »Slammer« und »Slider« bezeichnet. Slammer sind die Eltern, die ihr Kind so früh wie möglich und so lange pro Tag wie erlaubt in die Krippe packen. Beispielsweise von sieben oder acht Uhr morgens bis sechs oder sieben Uhr abends, und das eine ganze Arbeitswoche lang. Diese Eltern sehen ihr Baby im Endeffekt nur nachts und am Wochenende. Man hat damit begonnen, diese Gruppe von Eltern näher zu erforschen, und sie hat sich als sehr homogen erwiesen. Slammer bringen ihr Kind normalerweise lange vor dem Ende des sechsten Lebensmonats in der Krippe unter; und wenn es erst einmal da ist, verlässt es die Krippe bis zum Schuleintritt nicht mehr. Das bedeutet, dass diese Kinder bereits bis zu ihrem fünften Geburtstag etwa 10 000 Stunden lang fremdbetreut wurden. Obwohl sie selbst es bestreiten, verrät das Verhalten der Slammer: Dieses Kind steht in meinem Leben nicht an erster Stelle. Es muss sich meinem Leben anpassen. Meine Karriere, mein Einkommen, mein Freundeskreis, meine Ausbildung sind die entscheidenden Faktoren, für die meine Zeit und meine Energie draufgehen. In Großbritannien sind, wie in den meisten Ländern, die Slammer in der Minderheit, sie machen dort etwa fünf Prozent der Eltern aus. Aber die Zahl wächst, vor allem bei den höheren Angestellten in den Städten. Und diese werden in den Medien oft als Ideale mit dem Lebensstil dargestellt, den jeder gern hätte. Sie sind erfolgreiche Rollenvorbilder und beeinflussen so andere, dies als die Norm anzusehen (was in der Realität wirklich nicht der Fall ist).

Im Gegensatz dazu sind Slider die Eltern, die ihre Kinder nach und nach in die Krippenbetreuung abgeben und dies vor allem viel später tun als die Slammer, meist nicht bevor die Kinder zwei oder drei Jahre alt sind, und nicht für so viele Stunden pro Woche. Dies kommt dem, was die Theorien über die kindliche Entwicklung empfehlen würden, erheblich näher.

Slider-Eltern nutzen die Krippenbetreuung oft mit zwiespältigem Gefühl, bei dem auf der einen Seite der Wunsch, Freiheit, Unabhängigkeit und Selbstwertgefühl durch den Beruf zurückzuerlangen, steht. Slider berücksichtigen aber auf der anderen Seite auch die Bedürfnisse ihrer Kinder und versuchen, eine familienfreundliche Lösung zu finden. Bezeichnenderweise – und zum Glück – bilden die Slider die weit größere Gruppierung als die Slammer, im Verhältnis acht zu eins.

Manchmal müssen Eltern ihre Kinder schneller in die Krippenbetreuung geben, als ihnen lieb ist. Oftmals werden sie durch sozialen oder wirtschaftlichen Druck dazu gezwungen oder auch durch die Einsamkeit, die Mütter in Pendlervororten oder Hochhäusern befällt, wo es kaum andere Möglichkeiten als die Arbeit gibt, um am Leben der Welt teilhaben zu können. Und wenn wir davon ausgehen, dass die Väter das Geld verdienen, werden die Probleme – und auch die Freuden – des Elternseins vorwiegend den Müttern überlassen. (Einige fortschrittliche Eltern wechseln sich ab, sie nehmen beispielsweise nacheinander jeweils ein Jahr Elternzeit, sodass die Kinder zumindest zwei Jahre lang ein liebendes Elternteil um sich haben, das für sie sorgt. Dieses gleichberechtigte Arrangement scheint gut zu funktionieren, aber man braucht dazu einen flexiblen Arbeitgeber und mehr als nur ein bisschen Mut.)

Neben den Slammern und Slidern ist da natürlich auch noch eine sehr wichtige Gruppe von Eltern, deren Kinder nie eine Krippe von innen sehen und stattdessen vom Zuhause der Familie (mit Zeiten bei Großeltern und Freunden) zum Kindergarten wechseln und von da aus in die Schule. In Großbritannien machen das 60 Prozent der Eltern so (in Deutschland und Italien sind es 90 Prozent, in Schweden 50 Prozent und in den USA 35 Prozent – die Unterschiede zwischen den einzelnen Ländern sind sehr groß!). Ein Großteil der Eltern verzichtet auf gewisse Möglichkeiten im Berufsleben, unterbricht seine Freizeit- und Reiseaktivitäten und wendet stattdessen diese Energie nach innen zum Zuhause, zu den Kindern und der Gemeinschaft – zumindest für eine kurze Zeit in ihrem Leben. Und sie würden diese Zeit nicht missen wollen. Diese Eltern wünschen sich Anerkennung und Wertschätzung, sie wünschen sich auch flexiblere Arbeitszeiten und berufliche Fortbildungsmöglichkeiten sowie die Zahlung eines angemessenen Erziehungsgeldes, womit der wertvolle Dienst, den sie in dieser Zeit verrichten, auch von einer größeren Gemeinschaft belohnt wird.

Dies sind also die Möglichkeiten, zwischen denen Eltern heute wählen müssen. Soziale Veränderungen sind vonnöten, und die nachfolgenden Generationen werden auch darauf bestehen. Wir aber erziehen unsere Kinder heute. Was wir brauchen ist eine ehrliche Einschätzung von Nutzen und Kosten unserer Entscheidungen. Eltern wurden in der Vergangenheit bevormundet, betrogen und mit leeren Versprechungen abgespeist, aber heute sind sie besser ausgebildet und besser vernetzt als je zuvor, und sie stellen auch mehr Fragen. Die Antworten treten nun zutage und bestätigen unsere Bedenken. Wir wollen im folgenden Kapitel diese Antworten einmal näher betrachten.

Kapitel 3

Forschungsergebnisse

Frühe Bedenken

Als man überall auf der Welt damit anfing, schon sehr kleine Kinder in Krippen betreuen zu lassen, begannen sich neben anderen Psychologen und Experten für kindliche Entwicklung Gedanken darüber zu machen, was dies bei den Kindern auslösen könnte. Die Situation der Kinder in der Krippenbetreuung erinnerte an die zahlreichen frühen Untersuchungen, die man an stark vernachlässigten Kindern in Kriegszeiten durchgeführt hatte, allen voran John Bowlbys berühmte Studie aus den frühen 50er Jahren über die Bindung bei Waisen oder Flüchtlingskindern, die von ihren Eltern getrennt worden waren. Jene Experten fürchteten nun, dass die Bindung zwischen Mutter und Kind, die man als Voraussetzung für eine gesunde kindliche Entwicklung erachtete, anderweitig ersetzt würde und dass Kinder in Krippen sich ohne die normale, vertraute und liebevolle Zuwendung, die nur Eltern und Familienmitglieder geben können, nicht ausreichend gut entwickeln würden. Man befürchtete, dass aus diesen Kindern keine vollwertigen Mitglieder der Gesellschaft würden.

Zum selben Zeitpunkt brachte der plötzliche Bedarf an gut geführten Krippen einen neuen Geschäftszweig und einen neuen Berufsstand hervor, die ein ganz eigenes Interesse verfolgten. Dadurch entstanden in einigen Ländern auch an den Pädagogischen Fakultäten der Universitäten Abteilungen für Kleinkind-Erziehungswissenschaften, die darauf ausgerichtet wurden, Erzieher und Erzieherinnen sowie Leiter von Krippeneinrichtungen auszubilden. Diese Abteilungen waren staatlich stark gefördert, da die Regierungen, egal ob rechts oder links, Steuervorteile sahen, wenn alle arbeiteten und man sich dazu noch fortschrittlich und frauenfreundlich geben konnte.

Die Situation sieht heute nur wenig anders aus, in Großbritannien ist es der Regierung beinahe schon zur Obsession geworden, jeden arbeiten zu sehen. Was einst eine fortschrittliche Bewegung war und den Frauen eine Wahlmöglichkeit sowie ein sicheres Einkommen und eine eigene Karriere bieten sollte, ist nun zur Pflichtveranstaltung geworden. Vor allem Eltern mit geringem Einkommen und Alleinerziehende fühlen sich oft mit Recht vom Staat genötigt, so schnell wie möglich wieder voll in den Beruf einzusteigen; zu Hause zu bleiben ist ein Luxus, den man oft nur den Wohlhabenderen zugesteht.

Die neuen Abteilungen für Kleinkind-Erziehungswissenschaften entstanden oft an genau den Universitäten, die bereits eine Abteilung für kindliche Entwicklung in der Psychologischen Fakultät hatten und dort Psychologen und Sozialarbeiter ausbildeten. Diese parallel laufenden Studiengänge widersprachen sich oft in ihren Inhalten. Obschon beide das Wohl des Kindes im Auge hatten, schlugen sie doch unterschiedliche Wege ein, um es zu erreichen. Ein typisches Statement der Kleinkind-Erziehungswissenschaftler war, dass Krippen »nun einmal da sind und bleiben werden« und deshalb »müssen wir alles tun, was wir können, um sie so gut wie möglich zu machen«. Das andere Lager fand jedoch, dass man die Eltern aufwecken müsste, um sie entweder durch Appelle an ihr Schuldgefühl oder durch Überzeugungsarbeit dahin zu bringen, dass sie ihre Kinder in einer Welle der Habsucht und Egozentrik, die so typisch für die 80er Jahre war, nicht im Stich ließen. Natürlich lag in beiden Auffassungen etwas Wahres, aber die ganze Situation war so gefühlsgeladen und politisiert, dass keine objektiven Forschungsergebnisse zustande kamen.

In den späten siebziger und frühen achtziger Jahren wurde allerorts soziales Unbehagen über die Tagesbetreuung von Säuglingen laut, aber es gab damals in den Forschungsergebnissen kaum Beweise dafür, dass diese schädlich sein könnte. Die Sorgen waren theoretischer Natur und basierten zum Teil auf der gefühlsmäßigen Wahrnehmung und dem überlieferten Wissen über kindliche Bedürfnisse. Dennoch war es angebracht, vorsichtig zu sein. Eine halbe Million Jahre Erfahrung in der Kindererziehung würde einfach über den Haufen geworfen, ohne dass man etwas über mögliche Langzeitschäden wusste. Großmütter diskutierten damals ständig mit ihren feministischen Töchtern. Etliche boten an, lieber selbst die Kinder zu hüten, statt sie in einer Krippe unterzubringen.

Dann wurden Mitte der achtziger Jahre plötzlich Bedenken laut, die aus Forschungsergebnissen resultierten. Man hatte bei Kindern, die von klein auf viel Zeit in einer Krippe verbracht hatten, »ein erhöhtes Maß an Aggressivität und Renitenz« beobachtet. In der Beobachtungsphase zwischen drei und acht Jahren schlugen sie andere Kinder und auch Erwachsene und taten nicht das, was man ihnen sagte. Auch wurde eine weitere Schädigung festgestellt: eine Schwächung in der Bindung zwischen Eltern und Kind, vor allem bei den Familien, bei denen von vornherein keine sehr gute Bindung zwischen Eltern und Kind bestanden hatte. Die Forschungsstudie wurde wiederholt, und es wurde stärker eingegrenzt, da die Ergebnisse nicht besonders populär waren und von einigen Forschern auch nicht in dieser Form gewünscht wurden. Danach trat ein Trio von Faktoren zutage, die gemeinsam das Risiko noch erhöhten. Diese waren: frühes Einstiegsalter in die Krippenbetreuung, Fremdbetreuung über viele Stunden pro Woche (20 Stunden und mehr) und dies über viele Jahre der Kindheit hinweg. Kurz gesagt: *zu früh, zu oft, zu lange.*

Einige Forscher zweifelten diese Ergebnisse noch immer an und stellten wertvolle Fragen dahingehend, welche anderen Faktoren noch ausschlaggebend für die Schäden sein könnten. Vielleicht, dass die Krippenbetreuung qualitativ nicht gut genug sei? Das war eine beliebte Erklärung (obwohl die meisten der untersuchten Einrichtungen tatsächlich Universitätskrippen mit qualitativ hohem Standard waren). Ein anderer Erklärungsversuch war, dass die Eltern ihrer Aufgabe nur unzureichend nachkamen. Ein weiterer der, dass Kinder aus sozial schwachen Familien öfter in Krippen betreut würden und ohnehin schon Schaden genommen hätten.

Es wurde sogar argumentiert, dass gerade diese Kinder eigentlich nicht aggressiv, aufsässig oder bindungsarm seien, sondern sich vielmehr gut behaupteten, selbstbewusst und unabhängig seien. Und das sei als Pluspunkt zu werten. Den größten Teil der Kindheit über in einer Gruppe betreut zu werden, hatte den Kindern die Fähigkeit verliehen – oder hatte es sie vielleicht eher die Notwendigkeit gelehrt? –, sich zu behaupten und zu bekommen, was sie wollten. Was sollte daran falsch sein?

Die Fronten wurden geklärt

Die Experten auf diesem Gebiet waren aufs Äußerste zerstritten, die Objektivität litt, und Karrieren wurden gefördert oder zerstört. Die Debatte wurde unsachlich und gemein, so wie die akademische Welt eben manchmal ist. Forschungsergebnisse, die nicht den Vorstellungen der führenden Weltanschauung (den Pro-Krippen-Anhängern) entsprachen, wurden zurückgehalten oder vernachlässigt. Diese Spaltung der Meinungen spiegelte sich in der gesamten Gesellschaft wider. Was als Krieg der Mütter in den amerikanischen Medien bekannt wurde, zeigte (und übertrieb) die Kluft zwischen denen, die das Gefühl hatten, sie sollten oder wollten zu Hause bleiben und ihren Beruf an zweite Stelle stellen, um ihren Kindern ein liebevolles Zuhause zu geben, und denjenigen, die die Karriereleiter erklimmen wollten und schnell wieder den ganzen Tag arbeiteten. Beide Seiten fielen übereinander her.

Schon bald fühlten sich nicht nur die Eltern, sondern auch die Experten durch die stereotypisierte Kluft gestört und begannen, nach einem Mittelweg zu suchen. Sie ahnten bereits, dass der Fehler manchmal auch in größerem Zusammenhang zu suchen war, etwa darin, wie die Gleichschaltung der Gesellschaft den Familien schadet und den Menschen die Wahlmöglichkeiten nimmt. Durch wichtige soziale Kampagnen für flexiblere Arbeitszeiten, eine sichere Rückkehr in den Beruf, Fortbildungsmöglichkeiten und vor allem angemessenes Erziehungsgeld wurden langsam einige bedeutsame Fortschritte erzielt, sodass junge Eltern nun nicht mehr nur zwischen Vollzeitarbeit und Vollzeitelternschaft wählen mussten. Fortschrittlichere Länder wie Schweden und Deutschland haben in den sauren Apfel gebissen und sich den Anforderungen gestellt, damit junge Eltern besser unterstützt werden und flexibleres Arbeiten möglich ist. Länder mit weniger sozialdemokratischer Tradition, etwa Großbritannien und vor allem die USA, wo die Leute weit mehr von der Gnade der Arbeitgeber abhängig sind und wo es weniger gesetzliche Regelungen in diesem Bereich gibt, erlebten eine Vertiefung der sozialen Kluft und echte Not bei finanziell schwachen Eltern, die auf ihre Arbeit angewiesen sind, um überleben zu können.

In den USA besteht bis heute überall das Problem, dass verzweifelten Arbeitern nur überfüllte und unreglementierte Krippenbetreuung schlechter Qualität zur Verfügung steht. Sogar die schärfsten Verfechter der Krippenbetreuung stehen dem schlechten Standard und der mangelhaften Ausstattung der meisten US-amerikanischen und zahlreichen englischen Krippen kritisch gegenüber.

Große Fragen, große Studien

Schließlich wurden, weil die soziale Wichtigkeit der Frage erkannt war, in den USA, in Großbritannien und in einigen anderen Ländern eine Reihe von weitreichenden, gut durchdachten Langzeitstudien gestartet, um ein für alle Mal die Wahrheit herauszufinden: Ist Krippenbetreuung wirklich schädlich? Wenn ja, unter welchen Umständen ist sie das? Und warum?

Die umfassendste aller Studien, die zu diesem Thema je angelegt wurden, wurde 1991 vom National Institute of Child Health and Development, kurz NICHD, mit über zehntausend Kindern aus zehn grundverschiedenen Gegenden der gesamten USA durchgeführt. Die Koryphäen unter den nationalen und internationalen Experten und dazu die Schlüsselfiguren der beiden verfeindeten Lager hatten diese Studie konzipiert, die Ergebnisse verfolgt und darüber berichtet.

Im Laufe der Jahre hat diese Studie eine enorme Anzahl hochinteressanter Daten hervorgebracht. Sie beantwortet zwar nicht jede Frage, auf die wir gern eine Antwort gehabt hätten, hat aber viele der Probleme früherer Studien ausgemerzt und etliche Missverständnisse ausgeräumt. Sie hat zudem zu einer bemerkenswerten Änderung der Sichtweise derer geführt, die glaubten, dass Krippenbetreuung im schlimmsten Falle harmlos, im besten Falle jedoch eine gute Sache für Kinder unter drei Jahren sei. *Denn dies ist nicht der Fall*, wie wir im Folgenden feststellen werden.

Die Forschungsergebnisse

Die sechs Fragen, die das NICHD stellte, waren:

1 Führt die Häufigkeit, mit der Babys und Kleinkinder in Krippen betreut werden, zu sozio-emotionalen Schäden?
2 Falls dies so ist, ist die schlechte *Qualität* der Krippenbetreuung der Grund dafür? Oder ist lang andauernde Krippenbetreuung an sich schädlich, auch wenn sie qualitativ gut ist?

3 Ist vielleicht die Qualität der elterlichen Erziehung ausschlaggebend für die Probleme der Kinder, die schon vom Babyalter an viel Zeit in Krippen verbracht haben? (Nutzen also mehr »schlechte« Eltern die Krippenbetreuung, sodass die Probleme der Kinder daher und nicht von der Krippenbetreuung rühren?)

4 Gibt es ein zeitliches Höchstmaß, jenseits dessen Krippenbetreuung schädlich wird? Ist beispielsweise zehn Stunden pro Woche oder zwanzig oder dreißig der Punkt, an dem die Entwicklung des kindlichen Hirns Schaden nimmt?

5 Ist das Eintrittsalter in die Krippenbetreuung von Bedeutung? Was ist beispielsweise, wenn man wartet, bis das Kind ein Jahr alt ist? Oder zwei? Oder wenn man sechs Monate die Krippenbetreuung nutzt, dann wieder sechs Monate mit dem Kind zu Hause bleibt, und so weiter? Im Einzelfall kann dies für Eltern eine wichtige Fragestellung sein.

6 Schließlich, falls Schaden entsteht, kann er im Laufe der Zeit wieder heilen? Oder verschlimmert er sich nur noch? Und unter welchen Bedingungen?

Die NICHD-Studie beobachtete die Kinder intensiv, sie nutzte die Einschätzungen der Eltern, der Erzieherinnen in der Krippe und, sobald sie in der Schule waren, auch der Lehrer ebenso wie die formalen und standardisierten Beobachtungen der Kinder durch die Forscher selbst. Diese besuchten die Kinder im Alter von 12, 24, 36 und 54 Monaten. Die Studie geht auch jetzt, während ich schreibe, noch durch die Grundschulzeit weiter und wird auch darüber hinaus noch fortgeführt werden.

Die Ergebnisse der letzten Beobachtungsrunde der NICHD-Studie (als die Kinder viereinhalb Jahre alt waren) wurden Mitte 2003 veröffentlicht. Hier sind die Erkenntnisse:

1 Ja, es wird Schaden verursacht.

Je länger Kinder in den ersten 54 Lebensmonaten fremdbetreut werden, desto geringer fällt (nach Angaben von Betreuern) ihre soziale Kompetenz aus, desto öfter geraten sie in Konflikt mit Erziehern und Eltern und desto öfter sind sie unter denen, die streiten und andere Kinder schlagen.

**2 Qualitativ gute Betreuung
verhindert den Schaden nicht.**

Dies ist vielleicht die entscheidende Erkenntnis für Forscher und Eltern, dass die Qualität der Betreuung, egal wie gut, stabil und pädagogisch wertvoll die Kinderkrippe auch ist, für das spätere Verhalten nur in geringem Maße ausschlaggebend ist. Die Qualität der Betreuung spielt nur insofern eine Rolle (vor allem hinsichtlich anderer Faktoren als denen, die gerade untersucht wurden), als sie die kognitiven Fähigkeiten (das Denkvermögen) und die Fähigkeit, lesen und schreiben zu lernen beeinflusst, aber sie hilft nicht, den Schaden, der durch »zu früh, zu oft, zu lange« entsteht, zu mildern.

Qualitativ gute Krippenbetreuung war also nicht das Allheilmittel, das man sich erhofft hatte. Es ist noch immer Fremdbetreuung in Gruppen zu einem Zeitpunkt, an dem Kinder individuelle Betreuung benötigen, um sich zu vertrauensvollen, nicht-aggressiven Menschen zu entwickeln.

3 Die elterliche Erziehung ist ausschlaggebend.

Es gibt Dinge, die für die kindliche Entwicklung noch entscheidender sind als die Krippenbetreuung. Dies ist ein ganz wichtiger Punkt, den alle Wissenschaftler immer wieder besonders hervorheben. Sie bezeichnen ihn als »mütterliches Einfühlungsvermögen«. Es ist die Fähigkeit, liebevoll und einfühlsam (mit ausreichender Feinabstimmung) auf das Kind einzugehen. Dazu sind zwei Faktoren notwendig: Erstens muss die

Mutter (oder der Vater) ausreichend entspannt sein, ausreichenden Rückhalt haben, um dem Kind die volle Aufmerksamkeit schenken zu können, und ausreichend versorgt sein – und zwar sowohl materiell wie emotional –, etwa durch Freunde und andere Rückzugsmöglichkeiten, damit sie sich nicht depressiv, einsam oder von der elterlichen Verantwortung überwältigt fühlt. Weiterhin muss durch genügend Zeit und Übung die Möglichkeit gegeben sein, eine einfühlsame Beziehung aufzubauen, das Baby in seinem Wesen kennen zu lernen, seine Bedürfnisse zu erkennen und diesen zu entsprechen.

Obwohl die Erziehung durch die Eltern letztendlich wichtiger ist als die Länge der Krippenbetreuung, stehen beide Faktoren doch in engem Zusammenhang. Eine der Gefahren für die Kinder, so die Studie, besteht darin, dass die Krippenbetreuung, wenn sie zu früh, zu oft und zu lange in Anspruch genommen wird, die mütterliche Empfindsamkeit schwächen kann – oder gar verhindert, dass sie sich überhaupt entwickelt. Letzteres passierte vor allem bei Müttern, bei denen die Bindung zu ihrem Kind schon vorher schwach gewesen war. Eine Mutter, die ihr Baby oft in der Krippe betreuen lässt, wird dadurch wahrscheinlich auch schlechter mit ihrem Kind zurechtkommen. Daher wird auch *die Qualität der elterlichen Erziehung durch zu lange Krippenbetreuung vermindert.* Aber mehr davon später.

4 Weniger ist besser.

Es gibt, bezüglich der Zeit, die ein Kind in einer Krippe verbringt, kein Höchstmaß und keinen Zeitraum, den man als unbedenklich werten könnte. Die Wissenschaftler bezeichnen den Effekt als »dosisabhängig«, und es gibt starke Hinweise auf einen Kausalzusammenhang: Je mehr davon, desto größer der Schaden. Es gibt kein Maß, das man risikolos nennen könnte. Dennoch ist in jedem Fall weniger besser als mehr.

5 Der Zeitpunkt ist entscheidend.

Wie erwartet hat sich herausgestellt, dass das Timing entscheidend ist und dass die bereits erwähnten Slider gut daran tun, den Zeitpunkt der Anmeldung herauszuzögern. In der Tat ist es notwendig zu warten, *bis das Kind zweieinhalb Jahre alt ist,* wenn man Schädigungen vermeiden möchte. Die Studie hat gezeigt, dass es unerheblich ist, ob Eltern im ersten oder im zweiten Lebensjahr ihres Kindes mit der Krippenbetreuung beginnen – die schädlichen Auswirkungen sind dieselben. *Ein Eineinhalbjähriger ist in dieser Beziehung ebenso verletzlich wie ein Säugling.*

Für jeden, der sich mit Kindern auskennt, ist das eine Bestätigung des gesunden Menschenverstandes: Ein Kleinkind ist ein emotional leicht zu verunsicherndes Wesen, es weiß ganz genau über seine Umgebung Bescheid, weiß, wer es liebt und ob es von Menschen umgeben ist, denen es vertrauen kann. Ein Kleinkind ist noch nicht in der Lage, glücklich mit anderen Kindern zusammenzuspielen, es braucht viel Aufmerksamkeit von Erwachsenen und es benötigt ebenso Verständnis und Hilfe beim Erlernen von Selbstbeherrschung. Aus Gründen, die wir in Kapitel 4 erläutern werden, ist Erziehung nur dann erfolgreich, wenn sie von einem Menschen kommt, der das Kind liebt, was ein Hinweis darauf sein könnte, weshalb Verhaltensauffälligkeiten das Hauptproblem von Kindern sind, die zu lange fremdbetreut wurden.

In den ersten sechs Lebensmonaten ist ein Baby oftmals leichter durch ein Nicht-Familienmitglied zu betreuen: Das Kind ist in diesem Alter noch nicht so wählerisch, obwohl das Bedürfnis nach liebevoller, sehr aufmerksamer und entspannter Betreuung sehr groß ist. Wie wir ebenfalls in Kapitel 4 erläutern werden ist dies das ausschlaggebende Alter, um alles in die richtigen Bahnen zu lenken.

6 Der Schaden ist nur gering.

Der Grad der Schädigung an den Kindern ist gering. Kinder sind von Natur aus widerstandsfähig und können sich auch an harte Umstände gewöhnen. Sie erholen sich wieder ein wenig, wenn sie in der Zeit, die sie tatsächlich zu Hause verbringen, ausreichend Liebe und Vertrauen vermittelt bekommen. Dies ist ein wichtiger Faktor, der all die vorangegangen Punkte ein wenig mildert. Krippenbetreuung allein schafft noch keine Psychopathen. Nur wenige der in der Studie beobachteten Kinder entwickelten extreme Probleme, jedenfalls nicht mehr, als man in einer solch groß angelegten Studie erwarten würde. Was man aber herausfand, und was die beteiligten Wissenschaftler immer wieder herausstellen, ist, dass die schädigenden Auswirkungen keine Einzelfälle waren. *Viele Kinder erlitten Schädigungen irgendeiner Art.* Diese Auswirkung blieb auch dann noch bestehen, als mit allen statistischen Mitteln alle anderen belastenden Faktoren herausgefiltert worden waren.

Die Wissenschaftler weisen beständig darauf hin, dass auch dieser geringe Grad der Schädigung nicht unterschätzt werden dürfe. Unsere Möglichkeiten, in diesen Studien den tatsächlichen Grad der Schädigung zu ermessen, sind relativ gering. Wir wissen eigentlich nicht, was genau im Inneren der Kinder vor sich geht, wie sich diese Veränderungen gegenseitig beeinflussen und was sie hervorbringen, beispielsweise späteren Stress, schlechtes Lernen oder ein Problem, das erst zutage tritt, wenn sie erwachsen sind. Wir wissen beispielsweise nicht, ob ihre Fähigkeit, dauerhafte enge Beziehungen einzugehen, geschädigt ist, oder die, Konflikte friedlich zu lösen und gut zu kommunizieren oder ob sie gegen Depressionen gewappnet sind. Es ist möglich, dass sich bei Kindern, die in Krippen betreut wurden, einige dieser Faktoren im Laufe der Zeit verbessern, vielleicht verschlimmern sie sich aber auch.

Die Wissenschaftler betrachten allerdings auch die Schulen mit Sorge, denn eine große Anzahl von Kindern mit auch nur geringen Verhaltensauffälligkeiten beginnt gerade, sowohl die einzelnen Lehrer wie auch das gesamte Schulsystem zu überfordern. (Dieser Effekt ist übrigens weltweit zu beobachten!) Und so üben die Kinder gegenseitig einen schlechten Einfluss auf ihr soziales Umfeld aus. Eine Klasse mit zwei oder drei Kindern mit Verhaltensauffälligkeiten kann man in den Griff bekommen, aber eine mit acht oder zehn solcher Kinder ist kaum noch zu bändigen.

Müssen wir weiter forschen?

Das große Problem der Unsicherheit, mit dem wir dieses Kapitel begonnen haben, ist noch nicht gänzlich verschwunden. Über die Langzeitwirkungen, die über die zehn Jahre der Studie hinausgehen, wissen wir einfach noch nichts. Wir werden erst noch herausfinden, was für Teenager und Erwachsene aus diesen Kindern werden.

Die definitiven Antworten sind noch in weiter Ferne und erfordern noch weitere wichtige Studien. Wir wissen, dass irgendetwas – vielleicht auch mehrere Faktoren – auf das Wohl der Kinder in den Industrienationen einwirkt. Wir haben Rekordwerte bei den Fällen von Depressionen und bei der Selbstmordrate unter den Jugendlichen dieser Generation. Sehr viele Menschen benötigen Beruhigungsmittel oder andere Medikamente, um ihre seelische Gesundheit zu erhalten. Wir sind sehr unruhige und unglückliche Leute. Essstörungen und ähnliches Suchtverhalten sind heute an der Tagesordnung. Viel mehr Menschen als jemals zuvor in der Geschichte der Menschheit leben heute allein. Es gibt einen starken Bruch zwischen den Generationen; immer mehr Leute sorgen nicht selbst für ihre alten Verwandten, sondern bringen sie lieber in einem Pflegeheim oder einer Seniorenresidenz unter.

Was wir brauchen, sind weitergehende Studien über jene Auffälligkeiten, die möglicherweise damit zusammenhängen, dass jemand als Kind zu oft beziehungslos betreut worden ist. Das betrifft beispielsweise die Fähigkeit, als Erwachsener enge Bindungen einzugehen. Lassen sich Erwachsene, die als Kinder in der Krippe betreut wurden, öfter scheiden? Werden sie gute oder schlechte Eltern? Wollen sie überhaupt Eltern werden? Die erste Generation der Krippenbetreuten ist mittlerweile zwischen zwanzig und dreißig Jahre alt. Wir könnten jetzt anfangen zu untersuchen, wie diese sich von anderen jungen Erwachsenen unterscheiden, die in den ersten fünf Lebensjahren vorwiegend zu Hause betreut wurden. Unabhängig davon, ob Krippenbetreuung nun etwas Gutes oder Schlechtes ist, entsteht dadurch zweifellos eine andere Art der Kindheit, und man kann davon ausgehen, dass aus dieser wiederum auch andere Erwachsene hervorgehen.

> DA ERGIBT SICH EINE INTERESSANTE PARALLELE: Wir lassen unsere Kinder in Institutionen fremdbetreuen, und sie schicken uns später ins Altenheim und kommen uns nicht besuchen!

Mittlerweile wird die NICHD-Studie auch in anderen Ländern und zum Teil in verbesserter Form durchgeführt. In Studien in Italien, Schweden, Norwegen, Großbritannien und auf den Bermudas wurden überall ähnliche Auswirkungen durch Krippenbetreuung festgestellt, die mit Verhaltensauffälligkeiten in Zusammenhang stehen.

Die Studien werden weitergeführt. Eines Tages werden wir mehr wissen, aber für die Kinder von heute ist das zu spät. Als Eltern müssen wir die vorhandenen Forschungsergebnisse und den gesunden Menschenverstand zu Rate ziehen und uns eine eigene Meinung bilden.

Kapitel 4

Der Geist eines Kindes

Wir haben bislang in diesem Buch die Nutzung der Krippen-betreuung bereits für sehr kleine Kinder durch Millionen von Eltern weltweit zur Kenntnis genommen. Einige werden durch wirtschaftlichen Druck oder mangelnde staatliche Unterstüt-zung dazu gezwungen, andere wiederum wählen diesen Weg, um persönlichen Freiraum oder materiellen Reichtum zu er-langen. Egal, was die Motivation ist, die meisten glauben den Beteuerungen, dass schließlich jeder sein Kind in einer Krippe betreuen lässt und dies nur gut für das Kind ist.

Wir haben gesehen, dass man für diese Art der Fremdbetreu-ung einen Preis zahlen muss, dass es offenbar Auswirkungen auf die geistige Gesundheit des Kindes oder die Beziehung zwi-schen Eltern und Kind geben kann. In diesem Kapitel werden wir uns dieses Problem näher anschauen. Was ist der Grund für diese Forschungsergebnisse? Was braucht ein Säugling oder ein Kleinkind eigentlich von seinen Eltern, das niemand sonst ihm geben kann? Wir werden die Welt der Interaktionen zwischen Eltern und Kind mithilfe der wunderbaren neuen Technolo-gien und der Erkenntnisse der Hirnforschung betrachten und sehen, inwieweit Liebe, Spielen, Glücklichsein und das Erler-nen guter Manieren davon abhängen, ob man mit jemandem zusammen ist, der einen liebt.

Ein Blick ins Gehirn

Seit Hunderten von Jahren erforscht man schon das menschliche Gehirn, aber in den letzten zehn Jahren haben uns einige atembe-raubende Erkenntnisse weiter gebracht als in all den Jahrhunder-ten zuvor. Wir sind heute sehr nah daran, auf einige der größ-ten Fragen aus dem Bereich der menschlichen Natur Antworten zu bekommen. Diese umfassen so unterschiedliche Themen wie Schizophrenie, Depression, Gewaltbereitschaft, Führungskom-petenz oder geschlechtsspezifische Unterschiede. Sogar der größten Herausforderung von allen kann begegnet werden: Wie erziehe ich mein Kind zu einem gesunden Erwachsenen?

Den ersten Teil des Durchbruchs stellt eine neue Technologie dar: das Magnetresonanzverfahren, ein elektromagnetisches Verfahren, das uns erstmals bewegte Bilder des Blutflusses im Gehirn ermöglicht. Wir können tatsächlich mit erstaunlicher Genauigkeit beobachten, wie das Gehirn denkt und fühlt. Wir sehen, wir mentale Prozesse in Gang gesetzt werden und wie Leute auf unterschiedliche Gedanken und Reize reagieren. Wir können ein arbeitendes Gehirn mit einem anderen vergleichen und feststellen, ob etwas fehlt oder falsch läuft. Und wir können sehen, wie sich das Gehirn vom Säuglings- bis zum Greisenalter entwickelt.

Die zweite Entdeckung ist bei weitem bescheidener, aber dennoch ebenso wichtig: sie betrifft die körpereigene Substanz Kortisol. Kortisol ist ein Nebenprodukt des Adrenalin, mit dem man präzise messen kann, wie gestresst ein Mensch gerade ist. Es ist eine lebensnotwendige Substanz; haben wir zu wenig davon, klappen wir zusammen und sterben, haben wir zu viel, explodieren wir förmlich vor Stress. Durch ein Geschenk des Himmels an die Stressforschung kann man das Kortisol untersuchen, indem man ein wenig Speichel aus dem Mund eines Menschen entnimmt. Bislang konnte man Stress nur durch Blutproben messen, aber da Blutabnehmen an sich schon Stress verursachen kann, ergaben die Proben, dass so gut wie jeder gestresst war. Heute kann man den Stress eines weinenden Babys oder eines Kriegsveteranen in jeder Sekunde belegen. Der Kortisolwert ist so genau und so schnell verfügbar, dass man sogar die Auswirkungen einer Umarmung oder eines Lächelns messen kann.

Neue Technologien sind Teil des großen Durchbruchs in der Hirnforschung, doch es gibt noch einen anderen Faktor: eine neue Art zu denken. Wissenschaftler sind im Allgemeinen keine großen Redner, meist verbringen sie ihr Leben wie die Maulwürfe und buddeln sich immer tiefer in die Tunnel ihres Spezialgebiets, blind für alles, was anderswo in der Welt vor sich geht. Dies ist ein Problem, das auch die Medizin plagt. Ein Freund von mir bekam einmal von einem Arzt zu hören: »Bei Ihrem Knieproblem kann ich Ihnen nicht weiterhelfen, ich bin Fußspezialist.« Ende der neunziger Jahre versuchten jedoch eine Reihe von Wissenschaftlern, allen voran Dr. Alan Schore, die Erkenntnisse der verschiedenen Gebiete der Neurologie, Biochemie, Endokrinologie, der kindlichen Verhaltenstheorie und der Psychiatrie zusammenzutragen. Schores sensationelles Buch zu diesem Thema ist so dick und komplex, dass es niemals ein Bestseller werden könnte, aber in der Welt der Wissenschaft hat es große Begeisterung entfacht und eine plötzliche Flut von koordinierten Forschungen ermöglicht, die die neuen Erkenntnisse nutzten, um herauszuarbeiten, wie wir Menschen uns entwickeln. Wir wissen nun endlich, wie das menschliche Gehirn wächst und wie die besten Bedingungen aussehen, die aus einem Kind einen vollständig funktionierenden Menschen werden lassen. Und man hat herausgefunden, welche die wichtigste Zutat hierfür ist: Zuneigung.

Die Zutaten warten auf den Koch

Aus einer Kaulquappe wird von ganz allein ein Frosch. Aus einem Samenkorn wächst eine Pflanze. Mit einem menschlichen Baby aber ist das anders. Wenn nicht ein kompetenter, sorgender Erwachsener seine Aufgaben in den meisten Fällen gut erfüllt, lernt kein Kind jemals laufen, ganz zu schweigen von sprechen, denken, fühlen oder lieben.

Die menschlichen Babys sind bei der Geburt recht unterentwickelt – wenn sie aber größer wären, würden sie nicht mehr durch das mütterliche Becken passen. Auch das Gehirn eines Babys erledigt den größten Teil seines Wachstums erst nach der Geburt. Es wächst aber nur dann an den richtigen Stellen und entwickelt die richtigen Funktionen, wenn wir dafür die relevanten Erfahrungen bereitstellen. Wenn manche Dinge nicht zum richtigen Zeitpunkt stattfinden, werden wir keine vollständigen Menschen. Die verwahrlostesten der vielen geretteten Waisen aus Rumänien wurden sorgfältig mit dem Magnetresonanzverfahren untersucht, und die Ergebnisse waren schockierend – sie hatten regelrechte »schwarze Löcher« im Gehirn, wo sich ganze Hirnbereiche nicht entwickeln konnten. Dieses Wissen bürdet uns als Eltern und als Gesellschaft eine ehrfurchtgebietende Verantwortung auf. Wir ändern die Natur der Kindheit und nehmen dadurch ein gigantisches Risiko für die Zukunft in Kauf.

Welche Dinge aber müssen wir als Eltern bereitstellen? Welche Zeitpunkte sind im Leben unseres Kindes entscheidend? Dies sind wichtige Fragen, und deshalb werden wir hier genauer darauf eingehen. Wir sollten uns in diesem Zusammenhang Gedanken darüber machen, ob die Fremdbetreuung von Babys und Kleinkindern diese Bedürfnisse befriedigen kann, und falls nicht, wie man die Betreuung verändern müsste, um den Bedürfnissen besser zu entsprechen.

Das Gehirn eines Babys lebt zunächst nur von den Sinnen. Ein Neugeborenes weiß nur, ob ihm warm oder kalt ist, ob es hungrig oder satt, geborgen oder allein ist. Aber recht schnell, schon in den ersten Tagen und Wochen seines Lebens werden diese Empfindungen zu Gefühlen. Zu lange kalt und hungrig gleich ängstlich. Nicht in der Nähe eines Menschen gleich allein gleich ängstlich. (Es ist völlig normal, dass ein Baby diese negativen Gefühle für kurze Zeit empfindet, aber es ist extrem wichtig, dass sie nicht zu lange anhalten und nicht zu oft vorkommen. Eltern, die liebevoll und aufmerksam reagieren, hel-

fen dem Baby zu lernen, dass diese Gefühle eine Handlung auslösen, dass etwas passiert, was sie erlöst. Wenn Eltern oder Betreuer sich nicht kümmern oder nicht reagieren, nicht trösten
und beruhigen, hemmen die stetige Angst, das stetige Allein-
sein tatsächlich das Wachstum des Babys, und zwar das geistige
wie das körperliche Wachstum.

KUSCHELN, LÄCHELN, SINGEN GLEICH GLÜCKLICH. Sprechen, kitzeln, schaukeln gleich aufregend. Die Ausbildung dieser Gefühle hilft dem Baby zu kommunizieren, in einer Weise zu
handeln, dass seine Bedürfnisse von den Erwachsenen um es
herum befriedigt werden.

Wenn wir als Erwachsene nun in der Lage sind, unsere Gefühle unserem Partner gegenüber auszudrücken oder ein Team
von Leuten zu koordinieren oder ruhig zu bleiben, während
unser Teenager seinem Ärger darüber Luft macht, dass wir
seine Gefühle verletzt haben, zehren wir von dieser emotionalen Fähigkeit, die wir in den ersten Wochen unseres Lebens
begonnen haben zu erlernen. Wenn wir älter werden, lernen
wir immer subtilere Arten von Gefühlen zu unterscheiden und
können dabei immer besser lernen, mit anderen Menschen
umzugehen.

Das, was wir normalerweise mit Babys machen – spielen, reden, trösten, lächeln –, tun wir nicht nur zum Zeitvertreib,
während sie wachsen, es sind absolut notwendige Tätigkeiten.
Es reicht nicht, ein Baby zu füttern und zu wickeln und darauf
zu warten, dass es groß wird. Ein Baby lernt durch Interaktionen, aber diese Interaktionen müssen intensiv sein und sehr
angenehm. Der Begriff, der immer wieder in der Entwick-
lungsforschung auftaucht, ist »beantworten«. In gewisser Weise

kann man so auf den Punkt bringen, was Liebe ist: ungeteilte Aufmerksamkeit und Zeit zu schenken. Wenn wir jemanden lieben, sind wir ihm gegenüber sehr aufmerksam und stellen seine Bedürfnisse über unsere eigenen. Keiner aber benötigt all dies mehr als ein Neugeborenes. In den ersten Monaten und Jahren erlernt ein Kind die wichtigsten Fähigkeiten für das gesamte menschliche Leben – zu lieben und geliebt zu werden.

Vom Gefühl zum denkenden Gehirn

In den vergangenen zehn Jahren haben die Wissenschaftler die Rolle der Gefühle gänzlich neu bestimmt. Früher dachte man, dass Gefühle eher ein Problem darstellten, ein übrig gebliebener Nebeneffekt waren, den man getrost vernachlässigen könnte; und die medizinischen Behandlungen aus dieser Zeit spiegeln diese Einstellung wider. Heute aber weiß man, dass diese Annahme vollkommen falsch war. Wenn wir uns die Hirnstruktur ansehen, erkennen wir, dass die emotionalen Teile direkt mit den denkenden Teilen verbunden sind. Gefühle regen das Denken an. Denken ist fühlen in der nächsten Dimension. Babys und Kleinkinder lernen zu denken, damit sie ihre gefühlten Probleme lösen können. Sie entwickeln ein »soziales Gedächtnis«, das ihnen sagt, dass dieser Erwachsene liebevoll und freundlich ist, dass er kommt, wenn sie weinen, lächelt, wenn sie lächeln, tröstet, wenn sie ängstlich sind. Oder aber dass dieser Mensch ärgerlich, abweisend und hart ist. Wenn das Baby lernt, dass es Signale aussenden kann, damit seine Bedürfnisse befriedigt werden, wächst es ruhiger und glücklicher heran, weil es weiß, dass man sich um es kümmert und es nicht vernachlässigt oder ihm wehtut. Diese Ruhe wird zu einem lebenslangen Bestandteil seiner Fähigkeit, dieser Welt zu vertrauen.

Früher glaubte man, dass, da das Leben ja nun einmal streng und hart sei, man auch bereits Babys gegenüber streng sein sollte – um sie abzuhärten. Sogar heute noch gibt es einige Elternratgeber mit dem Tenor, dass sich die Babys am besten gleich von Anfang an an diesen Zustand gewöhnen sollten. Es hat sich aber erwiesen, dass diese Einstellung vollkommen falsch ist. Es gab vermutlich kaum jemals einen härteren Ort als die Höhlen der Steinzeit, aus denen wir hervorgegangen sind, und dennoch waren die Steinzeiteltern und deren Äquivalente, die wir heute noch in einigen von der Zivilisation unberührten Kulturen rund um den Globus antreffen, über die Maßen sanft und zärtlich zu ihren Babys. Sie sind die begabtesten Eltern überhaupt, und die Neurowissenschaft gibt ihnen Recht. Wenn ein Kind früh die Erfahrung macht, geliebt zu werden und vertrauen zu können, bewahrt es diese Erinnerung als inneren Trost und Stärke auf. Standhaftigkeit im späteren Leben fußt auf dem Gefühl von Vertrauen und Liebe. Dieses Gefühl ist ein Schatz, und wenn die Verhältnisse schwieriger werden, kommen diejenigen am besten damit zurecht, die als Kind geliebt wurden.

Es scheint, dass Babys am besten gedeihen, wenn sie in den ersten drei Jahren reichlich Zuwendung und Aufmerksamkeit bekommen. Wenn man in diese Zeit investiert, macht dies das ganze Leben für das Kind leichter. Es wird in seiner weiteren Kindheit und Jugend leichter Freunde finden, ruhiger und umgänglicher sein, wenn seine Babyzeit positiv verlaufen ist.

Das Gehirn eines Babys wird quasi im Zusammenspiel von der Bezugsperson und dem Baby gemeinsam aufgebaut; nicht indem man das Baby versucht »zu erziehen« (das würde es nur unglaublich ängstlich machen), sondern indem man ihm zärtlich, einfühlsam und liebevoll begegnet, so wie es jemand, der das Baby liebt, von Natur aus durch Spielen, Kitzeln, Gurren und beruhigendes Antworten tut. Eine Mutter der Jäger- und Sammler-Stämme in der Kalahari-Wüste tut das ebenso gut wie eine Mutter in einer Wohnung in Manhattan oder ein Vater auf einer entlegenen schottischen Insel – wahrscheinlich sogar noch besser. Emotional gesunde Eltern tun dies ohne genau zu wissen, wie und warum sie eigentlich so handeln, es ist aber wahrscheinlich, dass sie selbst so aufwuchsen und endlose Generationen vor ihnen ebenfalls. Babys wecken normalerweise das Interesse von Erwachsenen, und Erwachsene erfreuen sich normalerweise am Anblick eines Babys; dieses Zusammenspiel aus Faszination und Spaß lässt ihr Gehirn in genau der Weise wachsen, wie es erforderlich ist, um aus dem Baby einmal ein wohlintegriertes Mitglied der menschlichen Gesellschaft zu machen.

Emotionale Stabilität

Je mehr wir mit unseren Babys kommunizieren, desto besser wachsen sie heran und erlernen neue Fähigkeiten. Unsere Fähigkeit, zu denken, zu verstehen, zu ordnen und rational mit der Welt umzugehen, ist der letzte Schritt, der in den Verästelungen unseres emotionalen und fühlenden Selbst wächst und dabei dringend Nahrung, Gesundheit und Bindungen benötigt. Emotionale Intelligenz entsteht, wenn unsere Gefühle ruhig, stark und ausgewogen sind und unser Verstand dadurch harmonisch und klar ausgerichtet ist. Ohne emotionale Intelligenz werden kluge Menschen manchmal zu regelrechten »Arschlöchern«, andere, eher schlichte Menschen lässt das Vorhandensein dieser Eigenschaft liebevoll, weise und einfach wunderbar werden.

Die Hirnforschung zeigt uns, dass Gefühle keine Wirbelstürme sind, die über uns hinwegfegen, sondern Ausdruck unseres höheren Selbst. Sie sind das Kraftwerk unseres Verstandes. Unsere Gefühle speisen sich aus unseren Sinnen und filtern oftmals wichtige Informationen aus kleinsten Hinweisen heraus, lange bevor unser Verstand dies könnte.

Auch Einstein hat diesen emotionalen Sinn beschrieben, der ihm sagte, wo die Lösung eines Problems liegen könnte, und die meisten von uns haben diesen »siebten Sinn« ebenfalls schon kennen gelernt. Ein ungutes Gefühl kann uns sagen, dass etwas oder jemand nicht in Ordnung ist, dass Vorsicht geboten oder Hilfe gefordert ist. Erst viel später finden wir heraus, dass wir tatsächlich richtig gehandelt haben, aber wir hatten es von vornherein »im Gefühl«.

Unsere Gefühle sind jedoch nicht immer unsere Freunde. Im selben Maße wie unsere Gefühle vielleicht instabil und unsicher sind, gerät auch unser Denken leicht durcheinander und wird gestört. Wir leiden dann vielleicht unter Paranoia, Wutausbrüchen, haben den Tunnelblick auf etwas vollkommen Belangloses gerichtet oder machen uns ständig über irgendetwas Sorgen. Der Grund für all dies liegt ebenfalls in der Wachstumsstruktur unseres Gehirns. Wenn der emotionale Teil des Gehirns als Baby an Angst und Unsicherheit gewöhnt war und deshalb diejenigen Teile des Gehirns, die für die Selbstberuhigung verantwortlich sind, nicht ausgebildet und auch nicht gelernt hat, sanft und sicher die von außen kommenden Impulse selbst zu kontrollieren, dann wird sich dieser Mensch ganz ohne äußere Anlässe in emotionaler Verzweifelung befinden, und zwar allein deshalb, weil sein Gehirn durch früheste Erfahrungen so ausgerichtet ist. Das menschliche Gehirn wächst wie ein Garten. Wenn man sich nicht darum kümmert, verwildert es. Um positiv aufzuwachsen braucht ein Baby drei ganz bestimmte Dinge von einigermaßen vernünftigen Erwachsenen. Das Gehirn eines Babys benötigt

✗ liebevolle Aufmerksamkeit,
✗ liebevolle Erziehung und
✗ liebevolle Anregung und Spaß.

Hilf mir, mich in der Welt zurechtzufinden

Zunächst empfindet ein Baby alles um es herum als großes Durcheinander, bald aber beginnt es, innerhalb seiner Welt Anblicke, Gerüche und Geschmäcker zu unterscheiden und Muster wahrzunehmen. Gesichter sind das Erste, was es erkennt, Babys sind quasi darauf programmiert, kleine Mädchen können das sogar noch etwas besser als Jungen. In seinem Geist formt sich so das Bild lächelnder Eltern, die kommen, um es zu trösten, wenn es weint, oder das Bild finster dreinblickender, schroffer Eltern, die ungeduldig und ärgerlich sind, weil sie gestört wurden – und der Körper des Babys reagiert entsprechend. Babys unterscheiden sich in ihrem Temperament, aber wissenschaftliche Untersuchungen haben ergeben, dass, wenn die Eltern ruhig, positiv und zuversichtlich reagieren, beinahe jedes Babys getröstet und beruhigt werden kann. Unterschiedliche Temperamente verweisen nicht auf schlechtere Voraussetzungen für die Zukunft, wenn nicht die Eltern unangemessen auf das Baby reagieren oder nicht ausreichend unterstützt werden, um ihr Elternsein ohne Sorgen leben zu können. Und in diesen Situationen wird jemand gebraucht, der sich um die Eltern kümmert, damit diese wiederum sich entsprechend um ihr Kind kümmern können.

Wenn die Eltern oder Bezugspersonen etwas falsch machen, dann sind sie entweder nicht aufmerksam genug oder zu impulsiv. Wenn eine Bezugsperson apathisch wirkt, sich zurückzieht, keinen Augenkontakt mit dem Kind hält und es oft allein lässt, wird das Baby depressiv, seine linke Gehirnhälfte ist weniger aktiv, es wird nicht so gut denken können und als Erwachsener fortlaufend emotionale Probleme haben. Wenn eine Bezugsperson ärgerlich oder abweisend ist, das Baby vielleicht schroff oder mit abrupten Bewegungen hochnimmt und ihre Reaktion nicht auf die Signale des Babys abstimmt, wird das

Kind bindungsschwach und als Erwachsener nicht in der Lage sein, enge Beziehungen einzugehen, und es wird auch unorganisiert und unbeholfen sein. (Eine großartige Verkörperung eines solchen Menschen stellt Jack Nicholson in dem oscarprämierten Film »Besser geht's nicht« dar.)

Entscheidend ist, dass die Eltern verstehen, dass *ein Baby noch gar nicht in der Lage ist, allein seine Gefühle zu steuern.* Wenn es sich fürchtet oder allein fühlt, steigt der Kortisolspiegel, der die Angst widerspiegelt, über die Maßen. Wenn dann Mutter oder Vater kommt und es tröstet und in den Arm nimmt, kann man feststellen, dass der Koritsolspiegel schnell wieder auf sein normales Maß absinkt. Wenn ein Baby nicht verlässlich oder bald getröstet wird, bleibt der Stresspegel stundenlang hoch. Und wenn dies oft genug geschieht, entwickelt sich das zum Normalzustand, sodass dieses Baby im Vergleich zu anderen, besser versorgten, permanent gestresst ist. Ebenso wie wir ein Baby warm halten müssen, weil es seine Körpertemperatur noch nicht allein regulieren kann, müssen wir es auch emotional in Sicherheit wiegen, weil es seinen Stresspegel ebenfalls nicht allein steuern kann.

Nach der Geburt wird im Körper der Mutter das Hormon Prolaktin freigesetzt. Es regt nicht nur die Milchproduktion an (daher der Name), sondern ist auch durch das Stillen im Blutkreislauf der Mutter reichlich vorhanden, weil durch das Saugen des Babys ein Signal an den Körper der Mutter weitergegeben wird, dass da tatsächlich ein Baby ist. Vor allem aber wirkt das Prolaktin auf das Gehirn der Mutter ein, es bewirkt, dass sie zartfühlender und gelassener wird. Einige Frauen witzeln über diesen Effekt und sagen, »Ich interessierte mich nicht mal mehr für Mode! Es musste in meiner Wohnung nicht mehr jeder Winkel geputzt sein! Ich wollte nicht mehr Geschäftsführerin werden. Ich wollte einfach immer nur mit meinem Baby zusammen sein.«

HEUTE GEHEN WISSENSCHAFTLER DAVON AUS, dass ein Säugling noch in beinahe jeder Hinsicht Teil seiner Mutter ist. Durch ihre Milch wird es nicht nur ernährt, sondern auch durch ihre Antikörper gegen Krankheiten immun gemacht. Ihre Berührungen und ihre Zärtlichkeit fördern das Hormonwachstum in seinem Körper, sodass dieser, inklusive Gehirn, weiter wachsen kann. Ihre tröstenden Berührungen, ihre Körperwärme und ihre Aufmerksamkeit lösen die Stresshormone, die durch seinen Körper fließen, geradezu auf.

Eine der psychologischen Auswirkungen auf die biologische Mutterschaft ist die »Identifikation« mit den Gefühlen des Babys. Kein anderer Mensch teilt dieses Phänomen in der gleichen Weise. Sein Schmerz ist ihr Schmerz. (Auch einige Männer können ähnlich fühlen; vor vielen Jahren habe ich festgestellt, dass ich bei meinen Vorträgen nicht weitersprechen konnte, wenn im Raum ein Baby weinte. Und ich fand es sehr frustrierend, ein Baby in Not zu hören und nicht helfen zu können. Das ist einer der Gründe, weshalb ich dieses Buch schreibe.)

Die Mutter nimmt also das Problem des Babys auf, aber hoffentlich nicht im Übermaß; sie fühlt mit ihm, weiß aber, dass man das Problem lösen kann. Sie ist mitfühlend, aber ruhig. In Untersuchungen, die auf Video aufgezeichnet wurden, haben wir dieses Muster immer wieder und auf der ganzen Welt beobachtet. Wenn das Baby laut weint, spricht die Mutter auch laut, und ihr Gesichtsausdruck spiegelt die »Not« des Kindes wider. Dann führt sie das Baby aus seiner Not heraus, indem sie ihre Stimme immer ruhiger werden lässt, leiser mit dem Baby spricht oder sanft singt. Dies alles lässt den Herzschlag des

Kindes wieder ruhiger werden, sein Weinen hört auf, und der Kortisolspiegel sinkt wieder auf ein normales Maß herab.

Diese Fähigkeit behalten wir ein Leben lang, Ehepartner beruhigen sich so gegenseitig, weise, ältere Menschen beruhigen hitzköpfige junge, Führungspersönlichkeiten beruhigen ihre Leute (es sei denn, sie jagen den Leuten gern Angst ein, wie so viele unserer Politiker heute). Wir können Menschen nicht ändern, indem wir unsere Stimmung gegen ihre prallen lassen, sondern nur, indem wir mit ihnen fühlen, vor allem aber, indem wir uns selbst beruhigen und sie dadurch mitziehen. In den dramatischsten Szenen der Verfilmung von »Der Herr der Ringe« reitet Aragorn an der Spitze seiner Männer, die zahlenmäßig hoffnungslos unterlegen sind. Er beginnt seine Rede nicht mit: »Es gibt keinen Grund, Angst zu haben« oder: »Wir werden gewinnen«, sondern, indem er sagt: »In euren Augen sehe ich jene Furcht, die auch mich verzagen ließe.« Und von diesem Punkt des Verständnisses ausgehend (»Ich bin wie ihr«) fährt er fort und ermutigt sie, zumindest mit ganzem Herzen zum Wohl ihrer Sache beizutragen.

Dieses Muster zwischen Mutter und Kind läuft ohne Nachzudenken ab. Eine Mutter weiß, dass die Not ihres Babys ihr nicht »den letzten Nerv raubt«, weil sie – hoffentlich – noch Ruhereserven hat, Wege kennt, die Not zu lindern, und weiß, dass das Problem vorbeigehen wird. Wenn Eltern diese innere Reserve nicht aus ihrer eigenen Kindheit mitgenommen haben, müssen äußere Reserven herbeigeschafft werden. Dies kann beispielsweise der Vater sein, der das Kind übernimmt, damit die Mutter sich ausruhen und ihre Balance wiederfinden kann. Oder eine Hebamme, die die Mutter tröstet und ihr versichert, dass es dem Baby gut geht. Eine Müttergruppe, wo sie sich entspannen und mit anderen lachen kann und sieht, dass alle solch schreckliche Momente erleben, dass andere das Gleiche oder gar Schlimmeres durchgemacht haben und dass sie mit ihrem Problem nicht allein dasteht.

Schlussendlich aber beinhaltet der Job als Eltern nicht nur, ein Kind zu beruhigen, sondern ihm auch Anregung zu verschaffen. Eltern geben ihrem Kind Anreize, sie steuern seine Stimmung hin zu mehr Aktivität. Eltern regen Babys gern an und werden dafür mit glücklichem Glucksen belohnt. Ein lustloses, depressives oder gelangweiltes Baby strahlt und reagiert schneller, wenn ein Erwachsener kommt, es kitzelt, »Guck-Guck« spielt oder ihm ein buntes oder lautes Spielzeug hinhält. Auf diese Weise hebt die Mutter oder sonstige Bezugsperson (Väter sind auf diesem Gebiet meist wirklich gut) die Stimmung des Kindes und damit auch seine Toleranzschwelle für einen höheren Reizpegel. Es lernt, dass ein schneller Herzschlag und ein wenig Bewegung und Veränderung Spaß machen können und man keine Angst davor haben muss. Kürzlich wurde eine Familie aus England im Fernsehen interviewt, weil alle ihre drei Kinder hochbegabt sind. Die Eltern erzählten, sie seien beide selbst nicht übermäßig intelligent. So hatten sie ihre Kinder auch nicht mit irgendwelchen Lernprogrammen, frühkindlichen Leseübungen oder Mozart für Babys gedrillt. Aber sie hatten ihre eigene Philosophie, mit ihren Kindern die Zeit zu verbringen und mit ihnen Spaß zu haben, sie hatten sie immer schon im Tragetuch auch bei der Hausarbeit dabeigehabt und ihnen erzählt, was sie gerade machten. Das klang nach reiner Freude, und die Kinder waren so fröhlich und glücklich, wie man es sich nur vorstellen kann.

Wenn die Eltern Probleme haben

Die meisten von uns, die heute Kinder großziehen, hatten selbst keine perfekte Kindheit. Wir fühlen uns oftmals mit Kindern und den Gefühlen, die sie in uns wecken, nicht wohl. Wenn Eltern mit negativen Gefühlen schlecht umgehen können, kann ihre Reaktion auf die Wut oder Aggression, die alle Kinder irgendwann ausdrücken, eine plötzliche Gegenaggression sein, sodass das Kind dann seine Gefühle herunterschluckt und fortan »mit angezogener Handbremse« weiterlebt. Diese Eltern schreien vielleicht das Kind ihrerseits an (jeder hat schon einmal beobachtet, wie Eltern »die Hand ausgerutscht« ist, und den meisten von uns ist das auch schon einmal passiert), aber wenn das zum Normalfall wird, beschließt das Kind eventuell, dass es zu gefährlich ist, negative Gefühle zu zeigen, und setzt stattdessen ein gefasstes, scheinbar ruhiges Gesicht auf. Von außen mag das alles gut aussehen, aber die Kortisol-Messungen zeigen, dass solche Kinder in ihrem Inneren äußerst gestresst sind und eine Menge unausgedrückter Gefühle mit sich herumtragen. Solch ein Kind kann zu einem Menschen werden, der zu plötzlichen Gewaltausbrüchen neigt, sich selbst verletzt oder tief verschütteten Ärger in sich trägt, der ihn häufig krank werden lässt. In weniger schlimmen Fällen entwickelt sich das Kind vielleicht zu jemandem, der nicht einmal geringe Wut zum Ausdruck bringen kann – beispielsweise gegenüber einem unsensiblen Arzt, einem ungerechten Chef oder einem egozentrischen Nachbarn.

Ein Kind muss für seine eigene emotionale Gesundheit die Fähigkeit erlernen, Gefühle zu *haben*, auch starke Gefühle, und diese zu *durchleben*, sie frühzeitig und gewaltlos auszudrücken, Initiative zu ergreifen, Probleme zu lösen und dann in einen ruhigen Zustand zurückzukehren, ohne versteckte Rückstände von Stresshormonen. Wenn hohe Kortisolwerte im Körper zurückbleiben, sind die Auswirkungen bedenklich. Das Immunsystem fährt herunter, weil der Körper vollständig in Alarmbereitschaft ist und durch das Bekämpfen von Infektionen keine Energie verschwenden will. Das Wachstum wird angehalten – es gibt schließlich keinen Grund, Knochen und Organe wachsen zu lassen, wenn man jeden Moment getötet werden könnte (denn das ist es, was der Körper denkt). Die Muskeln bleiben hart, die Atmung ist weder tief noch vollständig, der gesamte Mensch funktioniert nicht mehr richtig. Und da das Kind noch mitten in der Entwicklung steckt, können sich diese Veränderungen auch auf die sich gerade ausbildende Hirnstruktur auswirken.

Wenn wir von einer Bezugspeson lernen, die uns liebt, bedeutet das, dass wir unsere gesamte Haltung dem sozialen Leben gegenüber nach ihrem Abbild formen, *sie bringt uns bei, wie man fühlt*. Diese Bezugsperson zeigt uns, wovor man Angst haben muss – Autos, die durch die Fußgängerzone rasen, einem fremden Hund –, und wem man trauen kann – der Oma, die sich um einen kümmert, den wunderschönen Sonnenblumen, die sich im Wind wiegen. Das Gehirn eines Babys wird sogar in derselben Weise aktiviert wie das seiner Eltern: Wenn es sieht, dass wir glücklich sind, wird der Vorderteil der linken Gehirnhälfte aktiviert, und genau dort ist auch bei ihm das Glücklichsein angesiedelt. Wenn es sieht, dass seine Eltern oder ein anderes Kind traurig sind, wird der vordere Teil der rechten Gehirnhälfte aktiviert. Das Mitgefühl ist in uns Menschen angelegt, es hilft dem Kind, eine Situation zu »lesen«. Die Bezugsperson ist dabei, oft ohne sich dessen bewusst zu sein, der Trainer, der zeigt, wie man sich sozial geschickt verhält und beim Kommunizieren mit anderen Menschen taktvoll und verantwortungsbewusst auftritt.

Die verschiedenen Teile unseres Gehirns

Die Grundstruktur unseres Gehirns, die Teile, die uns am Leben erhalten, haben wir mit jedem anderen Tier, auch Fisch und Vogel gemeinsam. Wenn wir im Wald spazieren gehen und etwas hören, was wie das Brüllen eines Tigers klingt, haben wir keine Lust mehr, die Aussicht zu genießen. Unser Körper hat den plötzlichen Drang, zum Auto zurückzugehen. Ihr Gehirn mag Ihnen sagen, dass es in Südengland keine Tiger gibt, aber Ihr Körper wird nicht gehorchen wollen. Wenn Sie versehentlich auf eine heiße Herdplatte fassen, gibt Ihr Gehirn Ihnen nicht den Hauch einer Chance, darüber nachzudenken – es übernimmt die Kontrolle und reißt für Sie die Hand weg. Dies ist das Überlebenshirn, genannt Amygdala, ein walnussgroßer Klumpen in der Mitte Ihres Kopfes.

Wir Menschen sind soziale Wesen, deshalb brauchen wir soziale Kompetenzen. Wir haben einen Gehirnteil entwickelt, den man orbitofrontaler Kortex nennt und der genau vor und über den Ohren sitzt. Er wächst, wenn wir soziales Bewusstsein entwickeln, vor allem für Dinge, die wir *nicht* tun sollen. Der orbitofrontale Kortex verhindert vor allem impulsive Handlungen, die uns in Schwierigkeiten bringen könnten, etwa, unserem Chef zu sagen, was wir von ihm halten, im Vorbeigehen einem attraktiven Menschen auf den Po zu klatschen oder sich als Erster das größte Stück Torte zu nehmen. Den orbitofrontalen Kortex haben wir jedoch nicht von Geburt an, er entsteht erst zwischen Säuglings- und Kleinkindalter. Wenn Eltern auf ein zehn Monate altes Baby ärgerlich reagieren, weil es weint oder Theater macht oder nicht isst, ist das gleichermaßen nutzlos wie traurig. Ein Baby besitzt noch nicht die Fähigkeit, richtig und falsch zu unterscheiden, es gibt nichts in seinem Gehirn, was sein Benehmen steuern kann, wir können in diesem Alter nur trösten, um sein Verhalten zu lenken.

Die Entwicklung des orbitofrontalen Kortex geht in zwei Schritten vor sich: Ein Baby liebt den Geruch und die Berührungen seiner Eltern (oder der Bezugsperson, die es rund um die Uhr betreut) und den Klang ihrer Stimmen. Allein das Spüren, Hören und Riechen dieser einzigartigen Menschen regt den Körper des Babys zum Wachsen und Gedeihen an, es werden nämlich die entsprechenden Hormone dafür produziert. Ein Kind spricht sogar auf unbewusste Zeichen seiner Eltern an, beispielsweise die Erweiterung ihrer Pupillen, die anzeigt, dass sie fröhlich und entspannt sind.

Die Hormone, die zum orbitofrontalen Kortex wandern, regen die Entwicklung weiterer Hirnverbindungen an. Viele Teile des Gehirns, die Großhirnrinde, der Hippokampus und der Gyrus cinguli, wachsen als Auswirkung positiver Gefühle, die wiederum aus positiven Erfahrungen entstehen. Man kann tatsächlich zwischen einem glücklichen Gehirn und einem unglücklichen Gehirn unterscheiden. Ein glückliches Gehirn ist feinmaschiger vernetzt und verfügt über mehr Impulse. Ein Mehr an Verbindungen bedeutet vermehrtes Denkvermögen und bessere Fähigkeiten, ein glückliches Leben zu führen.

Im Zeitraum zwischen dem sechsten und dem zwölften Lebensmonat wächst das denkende Gehirn, der präfrontale Kortex, in enormem Maße. In diesem Alter entwickeln die Kinder das Bewusstsein dafür, wer ihre Eltern sind, beginnen zu fremdeln und üben sich begeistert in neuen Spielen und neuen Fertigkeiten, wie den ersten Schritten und den ersten Worten. Das gesamte erste Lebensjahr ist notwendig, um das Gehirn gut einzustellen, und es überrascht nicht zu hören, dass sich sein Gewicht in diesem ersten Jahr verdoppelt. Für den Rest seines Lebens wird das Gehirn nie mehr in dieser Geschwindigkeit und in diesem Ausmaße wachsen.

Der präfrontale Kortex beginnt an diesem Punkt mit seiner Arbeit, die er ein Leben lang verrichten wird. Plötzliche oder Furcht einflößende Geschehnisse, ein lautes Geräusch, ein grimmiges Gesicht, sagen der Amygdala: Achtung – Gefahr! Aber der präfrontale Kortex antwortet: Ganz ruhig, keine Sorge, kein Grund zu flüchten. Vielleicht sagt die Amygdala auch: Nimm dir dieses Spielzeug, zieh das Kind an den Haaren. Und der präfrontale Kortex wird antworten: Keine gute Idee, Mama und Papa finden das bestimmt nicht gut.

Wie aber erlernt der Kortex diese Fähigkeiten? Es hat sich herausgestellt, dass der Prozess auf visuellem Wege abläuft. Erinnern Sie sich, wie sehr Babys auf Gesichter achten? Wenn Mutter oder Vater mit einem Kind schimpfen, allein indem sie lauter sprechen und die Stirn runzeln, wird das Kind dies nicht mögen, denn der Mensch, der es liebt, ist nicht glücklich. Sie fühlen also vorübergehend Schuld oder Scham und versuchen deshalb, sich anders zu verhalten.

Wenn die Eltern nun zufrieden blicken, weil das Kind das Problem verstanden hat, zeigt sich in ihrem Gesicht wieder Liebe, und das Kind beruhigt sich. In seinem Geist speichert es nun ein Bild (wie ein Foto) von unzufriedenen Eltern (mit dem Magnetresonanzverfahren kann man tatsächlich die visuelle Hirntätigkeit beobachten). Das Kind nutzt dann dieses Bild, um sich selbst davon abzuhalten, ein Stück Kuchen zu stibitzen, wenn die Eltern nicht hinschauen, oder der Topfpflanze die Blätter abzurupfen oder auf den Fernseher zu klettern. So entsteht das Bewusstsein.

Die Fähigkeit, in Gesichtern zu lesen, kann Probleme bereiten, wenn diese Gesichter sich keine Mühe geben, schnell wieder fröhlich zu werden (normalerweise gut gelaunte Eltern finden es schwierig, ihrem Kind länger als einen Moment oder zwei böse zu sein, vor allem, wenn das Kind ernstlich beschämt und reumütig ist). Wenn Eltern oder andere Bezugspersonen ärgerlich oder schroff, oder gar kalt und mechanisch sind, etwa, während sie die Windeln wechseln, lernt das Kind, dass diese Körperfunktionen schlecht und unangenehm sind. Wenn Eltern oder andere Bezugspersonen über längere Zeit kalt und ärgerlich reagieren, unabhängig davon, was das Kind macht, kann es dauerhaft entmutigt werden.

144

Das bedeutet, dass zwei Dinge zusammenkommen müssen. Wir können nur von demjenigen Disziplin lernen, der uns liebt. Wenn uns kein starkes Band der Freude mit dem Erwachsenen verbindet und wir ihm nicht vertrauen, wird seine Missbilligung nicht viel Gewicht haben. Er muss dann schwerere Geschütze wie Schläge und andere Strafen auffahren, damit wir uns besser benehmen. Und solange unsere Bezugsperson uns keine Grenzen setzt, uns nicht sagt, dass wir gerade etwas Falsches tun, und uns dann hilft, es besser zu machen, werden wir in unserem Inneren nie die Fähigkeit entwickeln, unsere Affekte und Triebe zu kontrollieren. Das Ergebnis wird ein Kind sein, das schlägt, anderen wehtut, kneift, stiehlt, lügt und nicht tut, was man ihm sagt. Hier kommen wir wieder zu den Bereichen, nämlich Aggression und Ungehorsam, die sich bei Kindern, die zu lange und zu früh fremdbetreut wurden, als Problem herausstellten.

Nur diejenigen, die uns lieben, können uns Selbstdisziplin lehren. Andere können uns Angst machen, aber liebende Eltern können uns ein Bewusstsein vermitteln, das uns leitet ohne uns einzuschränken, das durch Liebe und Ausgewogenheit geformt ist. (Interessanterweise basiert ja sogar die christliche Lehre auf dem Prinzip der liebenden Eltern; unser Gott straft und zerstört nicht, stattdessen liebt er uns immer und nimmt uns immer wieder auf. Wir können tun, was wir wollen, wir werden diese Liebe nicht verlieren.)

Können Erzieher das auch?

Kehren wir zurück zur Krippenbetreuung. Einige Studien haben sich detailliert mit der Erzieher-Kind-Kommunikation beschäftigt. Was man herausgefunden hat, war nicht schön. Das liegt allerdings nicht an den Erziehern und Erzieherinnen, im

Gegenteil, meist geben sie wirklich ihr Bestes, um zu Ersatzeltern zu werden. Es wirken aber zwei Kräfte dagegen: Sie sind nicht die biologischen Eltern und haben in den seltensten Fällen eine langjährige stabile Beziehung zu den Kindern. Es ist ein Beruf mit wechselnden Schichten und verschiedenen anderen Formen der steten Veränderung. Zweiter Punkt ist die Gruppensituation. Sie müssen jedem Kind seinen Anteil zukommen lassen, müssen sich »zerteilen«. Wir haben Richtlinien für die Krippenbetreuung gefunden, die davon sprechen, dass die Erzieherinnen und Erzieher »Blickkontakt mit dem Baby halten sollen, auch, wenn sie ein anderes Baby füttern oder wickeln«, was ebenso unmöglich wie lächerlich ist. In einer Krippe gibt es nie die Eins-zu-eins-Beziehung zwischen Bezugsperson und Baby, das wäre viel zu teuer. Unser Kind bekommt dort also nur einen Teil der Zeit und Energie, die es tatsächlich benötigt.

Man hat, wie bereits erwähnt, die Kommunikation zwischen Erzieher und Baby genau untersucht und keine guten Ergebnisse zutage gefördert. Babys zeigen ein ganz besonderes Verhalten, um Liebe und Aufmerksamkeit zu bekommen: Alle paar Minuten suchen sie ihre Mutter mit den Augen, brabbeln oder machen andere Laute in ihre Richtung. Mütter antworten fast immer ebenfalls mit einem Blick und einigen Worten. Dies ist der Beginn des menschlichen Gesprächs, und das Interessante dabei ist, dass die Initiative fast immer vom Kind ausgeht. In der Fremdbetreuung bemerkten die Wissenschaftler, dass etwa die Hälfte, manchmal sogar sehr viel mehr als die Hälfte der »Gesprächsanfänge« durch die Kinder (oftmals in Hochstühlen geparkt) von den Erzieherinnen und Erziehern nicht bemerkt wurden. Die Kinder geben auf, fangen an, teilnahmslos in die Gegend zu starren oder monoton mit einem Löffel oder anderen Spielzeug zu spielen.

Auch hier ist der Kortisolspiegel ein wichtiger Hinweis. Ein Baby, das in einer Krippe fremdbetreut wird, hat einen erhöhten Kortisolspiegel. Babys haben kein Zeitgefühl, sie können noch nicht wissen, dass in einer Stunde oder in sechs Stunden ihre Mama wieder da ist. Sie sind so programmiert, dass sie sich in Todesgefahr wähnen, wenn ihre geliebte Bezugsperson sie verlässt. Ihr ganzer Körper gerät dabei in Panik. Man hat in Studien herausgefunden, dass eine sehr aufmerksame Erzieherin, die stark auf das Baby eingeht und darauf bedacht ist, dieses eine Baby zu trösten, seinen Kortisolspiegel senken kann. Aber es ist vollkommen klar, dass dies von normalem Krippenpersonal nicht zu erfüllen ist. Erst in diesem Jahr hat man festgestellt, dass bei einem Kind, das zu Hause aufwächst, der Kortisolspiegel morgens am höchsten ist und dann im Laufe des Tages immer weiter sinkt. In einer Krippe aber fangen die Kinder mit einem hohen Kortisolspiegel an und dieser steigt im Laufe des Tages noch weiter. Der Stress in einer Gruppe zu sein, ohne ausreichend getröstet zu werden oder Ruhephasen mit der richtigen Person zu verbringen, führt dazu, dass der Stresspegel immer weiter ansteigt bis es Zeit ist, nach Hause zu gehen.

In diesem Kapitel haben wir uns mit dem Phänomen beschäftigt, wie das Gehirn in bestimmten Hirnregionen besondere Fähigkeiten entwickelt, die erst dieses große Wunder des Lebens schaffen: einen vollständig gesunden Menschen.

Die Erfordernisse dafür sind allerdings sehr groß. Einfühlsame Erwachsene müssen drei große Voraussetzungen schaffen: liebevolle Fürsorge im Säuglingsalter, Grenzen setzen im Kleinkindalter und in jedem Alter Anreize schaffen, die Spaß machen. Nur wenn sie zum richtigen Zeitpunkt kommen, erfüllen diese drei Dinge ihren Zweck. Die Preisfrage lautet also, ob Krippenmitarbeiter diesen Anforderungen zumindest ansatzweise gerecht werden können. Wenn ein Kind über einen langen Zeitraum für so viele Stunden täglich fremdbetreut wird, ist diese Frage entscheidend. Wie wir gesehen haben, ist der Erweis erbracht, dass sie es nicht können – oder zumindest nicht ausreichend.

Während ich dieses Buch schrieb und auch schon in den vergangenen Jahren, in denen ich es vorbereitet habe, habe ich mit Dutzenden von Krippenmitarbeitern und Geschäftsführern von öffentlichen wie privaten Tageseinrichtungen gesprochen. Ihre Offenheit war oftmals erstaunlich. Ich hatte den Eindruck, sie hätten nur darauf gewartet, dass mal jemand danach fragt, was sie wirklich denken. »Wenn Feuer ausbrechen würde, würde ich mein eigenes Kind als Erstes retten.« – »Ich mag diese Kinder, aber ich liebe sie nicht.« – »Ich kümmere mich um sie, aber nach einer Weile wird es einem zu viel. Manchmal hasse ich sie regelrecht.« – »Es ist sehr stressig hier, wir haben ständig Wechsel bei den Erzieherinnen.« – »Ich möchte mein eigenes Kind nicht hier haben.« – »Wir tun halt, was wir können.« – »Manchen von diesen Müttern macht das überhaupt nichts aus. Die würden ihre Kinder den ganzen Tag hier lassen, wenn sie dürften.« – »Ich weiß nicht, warum einige von diesen Eltern überhaupt Kinder haben.«

Natürlich gibt es auch Eltern zu Hause, die gestresst, depressiv, abweisend oder ärgerlich sind, die nicht genug auf ihr Kind eingehen oder sogar eine Gefahr für ihr Kind darstellen. Manche Kinder haben es in einer Krippe besser, weil sie zumindest einen geregelten Tagesablauf, vertrauenswürdige Erwachsene und zu einem gewissen Grad auch Wärme und Anreize bietet. Wir müssen uns jedoch fragen, ob es einen besseren Weg gibt, um den Eltern und den Kindern ein eigenes Leben zu verschaffen. Im letzten Kapitel werden wir uns damit beschäftigen. Wir werden uns anschauen, was für eine Welt wir schaffen, wie wir menschliche Werte zurück an die Spitze sowohl unserer persönlichen Ziele als auch der Ziele unserer Länder bekommen. Und wir werden uns überlegen, was für eine geradezu revolutionäre Entwicklung es wäre, wenn wir statt Hetze und Habgier tatsächlich Kinder, Familie, Ehe, Freundschaft und Gemeinschaft wieder an erste Stelle setzen würden.

Kapitel 5

Wie wir unser Leben zurückbekommen

Es war auf einer großen Konferenz australischer Anwältinnen. Das Thema war für sie alle von größtem Interesse – wie man Kinder und Karriere miteinander verbinden kann. Die Reden der Sprecherinnen hatten alle denselben Tenor: »Es muss noch viel getan werden bis die Diskriminierung von Frauen im Beruf überwunden ist« und: »Es ist ziemlich hart, nicht nur Anwältin, sondern auch Mutter zu sein.« Die Tagungsvorsitzende dankte den Rednerinnen des Vormittags und setzte hinzu: »Lassen Sie sich von niemandem einreden, dass Sie nicht arbeiten sollten!«

Im Publikum hob jemand die Hand. Es war ein ganz besonderer Moment, die Frau hob die Hand zügig, aber nicht impulsiv, so als ob sie sich den Augenblick gut ausgesucht hätte. Das Publikum blickte sich um, um die große junge Frau mit den schulterlangen Haaren zu sehen, die aufstand, um das Mikrofon entgegenzunehmen.

»Niemand hat mir jemals geraten, *nicht* zu arbeiten«, sagte die junge Frau mit klarer, ruhiger Stimme. »Heute geht der ganze Druck, den wir verspüren, dahin, ganztags zu arbeiten und unsere Karriere voranzutreiben.« Sie machte eine kleine Pause, um das Gesagte wirken zu lassen. »Keiner redet darüber, eine Auszeit zu nehmen und sich um seine Kinder zu kümmern. So etwas bekommen junge Frauen heute nie gesagt.«

Man hätte eine Stecknadel fallen hören können.

Die junge Frau, Cathleen Sherry, ist Jura-Dozentin. Sie ist beruflich erfolgreich und hat eine Festanstellung an einer Universität. Da sie aber Mutter von drei Kindern ist, hat sie ihre Arbeitszeit um zwei Drittel reduziert und ist dazu einige Jahre ganz zu Hause geblieben. Sie ist ein Beispiel für den Generationswechsel im Feminismus. Nach diesem Moment auf der Konferenz ist sie immer mehr an die Öffentlichkeit gegangen, hat in Fachzeitschriften und auf Meinungsseiten Artikel veröffentlicht. Sie fragt laut und deutlich und unterstützt von wissenschaftlichen Erkenntnissen: »Was ist denn mit den Kindern?«

Cathleen Sherry hat die unterschiedlichsten Erfahrungen gemacht. Als sie selbst eine Familie gründete, ist sie das Problem in derselben, intelligenten Weise angegangen wie damals, als sie ins Berufsleben einstieg. Sie hat in ganz Sydney erfolgreiche Anwältinnen angesprochen, von denen sie wusste, dass sie eine Familie haben und ganztags arbeiten. Sie hatte gedacht, dass sie wie bei allen anderen großen Karriereveränderungen Rollenvorbilder und Mentoren finden könnte, die ihr Rat geben würden. Sie hatte gehofft, die Vorlage für das zu finden, was man modernen Karrierefrauen schon seit langem verspricht – alles gleichzeitig haben zu können. Stattdessen bekam sie einen regelrechten Schock. Als sich die befragten Frauen ihr gegenüber offen äußerten, wurde ihr deutlich, dass das Leben dieser Frauen eigentlich ein Albtraum war. Sie gaben sechs Wochen alte Babys in Kinderkrippen, hatten mit Schlafmangel zu kämpfen, konnten keine Mutterinstinkte entwickeln, hatten Stillprobleme und fühlten sich unglücklich und zerrissen. Einige der älteren Frauen erzählten ihr, dass ihre Ehen gescheitert waren oder ihre Kinder psychische Probleme hatten. Andere bemühten sich, auch etwas Gutes an der ganzen Sache zu sehen, wieder andere waren einfach völlig niedergeschmettert. *Bei keiner der Frauen hatte sie das Gefühl, dass sie wirklich so leben wollte.* Es gab einfach keine Vorlage.

Als Anwältin hatte Sherry oft Kinder vor Gericht verteidigt und sah nun einen Konflikt. Die heilige Kuh der neunziger Jahre, das Recht der Frauen, mit ihrem Leben tun und lassen zu können, was sie wollen, hatte sich als logischer Irrtum erwiesen. Tatsache dagegen ist, dass wir alle untereinander abhängig sind und die Rechte eines jeden in der Familie und der Gemeinschaft gemeinsam betrachtet und gegeneinander abgewogen werden müssen.

Sherry sagte einem Journalisten einmal: »Niemand, kein Mann und keine Frau, hat das absolute Recht auf eine Karriere. Wenn man sich dafür entscheidet, Kinder zu haben, ist die Hauptaufgabe, ordentlich für sie zu sorgen, und wenn das mit der Karriere kollidiert, dann ist das eben so. Das will aber keiner wahrhaben.«

Ein anderes Zitat von ihr ist: »Es ist ganz schön zwiespältig, dass Männer, die ständig Überstunden machen und kaum Zeit für ihre Kinder haben, als minderwertige Eltern betrachtet und Frauen, die genauso arbeiten, als Supermütter bezeichnet werden.«

Sherry ist eine Feministin, die daran glaubt, dass Kinder auch Rechte haben und dass es mehr im Leben gibt, als das, was man mit Geld kaufen kann. Sie macht es auch den Männern nicht leicht: »Die Kinderbetreuung durch Fremde ermöglicht es den Männern, keine Verantwortung für ihre Kinder übernehmen zu müssen. Die Frauen müssen andere Leute dafür bezahlen, dass sie auf die Kinder aufpassen, weil die Männer keine Lust haben, bei ihrer Arbeitszeit kürzer zu treten und stattdessen ihren Teil der Elternschaft zu erfüllen. Wenn Frauen in den Beruf zurückkehren, sollten es die Männer sein und nicht die Kinder, die ihr Leben danach ausrichten.«

Sie ist auch der Meinung, dass der Staat schwache Frauen – ganz besonders Alleinerziehende – mehr unterstützen müsste, damit sie durch finanzielle Zuwendungen in der Lage sind, sich selbst um ihre Kinder zu kümmern. Sie hält es nicht für recht und billig, dass sie auf Kosten ihrer Kinder wieder in den Beruf zurückgedrängt werden.

Als Anwältin bringt sie ihre Argumente gut auf den Punkt. Sie sagt, dass es in Australien gesetzlich vorgeschrieben ist, dass in jeder Tagesstätte eine Erzieherin für je fünf Babys zur Verfügung steht. »Das ist doch wie eine Mutter, die allein für ihre Fünflinge sorgt. Ein Baby wacht auf und muss gefüttert werden. Ein anderes weint und will getröstet werden, muss aber warten, alle müssen sie auf Trost, Liebe und Kuscheln warten – auf die Dinge, die Babys einfach brauchen.«

Mehr noch: »Heute werden die Babys nicht mehr in langen Reihen in ihren Bettchen in der Neugeborenenstation von ein paar Schwestern betreut. Das hält man für brutal. Die Mütter werden stets dazu gedrängt, ihre Babys 24 Stunden am Tag bei sich zu haben. Aber sechs Wochen später ist es völlig in Ordnung, sie in eine Tagesstätte mit nur zwei Erzieherinnen zu geben. Das ist doch nicht logisch!«

Ist irgendjemand bereit, Opfer zu bringen?

Die Probleme entstehen für Eltern Anfang des 21. Jahrhunderts auf zwei verschiedenen Ebenen, nämlich auf der persönlichen und auf der politischen. Auf der persönlichen Ebene haben wir mehr denn je in der Menschheitsgeschichte das scheinbar unstillbare Verlangen, uns selbst permanent materiell zu belohnen. Die Vorstellung, ein Opfer zu bringen, jemand anderen an die erste Stelle im eigenen Leben zu stellen, ist vielen Menschen heute vollkommen fremd. Tatsächlich aber ist das die tiefere Bedeutung der Liebe, vor allem dann, wenn es um die Liebe zwischen einem verantwortungsvollen Erwachsenen und einem vollständig abhängigen Kind geht. Die gegenteiligen Beispiele der totalen Aufopferung kennen wir alle: die Mütter der fünfziger Jahre, die vollkommen identitätslos waren, deren Intelligenz und Kreativität in der Enge ihrer Rolle versickerten. Väter, die sich selbst viel zu früh zu Tode schufteten, weil sie dachten, der hundertprozentige Ernährer zu sein, sei die einzig wahre Rolle für einen Mann. Dies jedoch sind nicht die Probleme des 21. Jahrhunderts. Schon seit den siebziger Jahren des 20. Jahrhunderts konnten wir eine Generation beobachten, die egozentrisch, selbstsüchtig, habgierig und gedankenlos ist, quasi als wütenden Gegenentwurf zu dem, was vorher war. Heute ist die neue Generation, unsere Teenager und jungen Erwachsenen, beinahe moralisch integrer, verantwortungsvoller und mehr um unsere Welt besorgt, als es ihre Eltern waren. Sie sind aber auch depressiver, vernachlässigter und verzweifelter. Wir haben unser Soll nicht erfüllt.

So entsteht eine neue Denkart – die des Mittelwegs. Dass das Leben lang genug ist, um sich selbst zu verwirklichen und ein paar Jahre seines Lebens unseren Kindern zu schenken. Dass Kinder zu haben viel Freude macht und nicht nur Arbeit. Dass die besten Dinge nicht materieller Art und oftmals hart erarbeitet sind. Eines davon ist, junge Erwachsene zu sehen, die wir mit unserer Fürsorge und – ja, auch einigen Opfern – auf die Bahn gesetzt haben. Wir brauchen uns selbst nicht aus den Augen zu verlieren, wir können sogar mehr über uns selbst lernen, wenn wir einen Teil unseres Lebens anderen opfern. Tiefste Zufriedenheit entsteht wahrscheinlich erst auf diese Weise.

Die größte Lüge der neueren Sozialgeschichte ist die lächerliche und infantile Vorstellung, dass wir alles gleichzeitig haben können. Können wir nicht. Reichtum geht fast immer auf Kosten des familiäreren Wohls. Hetze tötet die Liebe. Für Egozentrik zahlen wir den Preis der Einsamkeit, in der wir uns wiederfinden, wenn wir es versäumt haben, Beziehungen zu knüpfen, weil uns dies Zeit gekostet haben würde. Eine glänzende Karriere ist kaum möglich, wenn man eine Familie hat – jedenfalls nicht gleichzeitig. Wir müssen eine schwere Lektion lernen – wir müssen uns entscheiden. Wir müssen die Dinge nacheinander machen. Wir müssen manche Sachen aufschieben. Einiges müssen wir aufgeben, um dafür etwas viel Wertvolleres zu bekommen.

Selbstsucht ist eine Gefahr in unser aller Leben; sie ist jedoch ein ganz natürliches Merkmal der Kindheit, und ihre Überwindung ist das deutlichste aller Zeichen für einen erwachsenen Menschen. Die Elternschaft, die Ankunft eines vollkommen von uns abhängigen Babys katapultiert uns in eine Zwickmühle, in der wir uns lebensverändernd (ich oder du?) entscheiden müssen.

In meinen Beobachtungen mit Tausenden von Familien und den Entscheidungen, die sie getroffen haben, habe ich wiederholt festgestellt, dass Arbeitereltern eher diejenigen sind, die es ablehnen, Kinderbetreuung in Krippen zu nutzen, und ihre Kinder nur so wenig wie eben möglich dort lassen. Eltern der Mittelschicht dagegen, die das Geld eigentlich nicht so sehr brauchen, neigen dazu, es für Urlaube und Luxusartikel auszugeben und die Krippenbetreuung ohne zu hinterfragen in Anspruch zu nehmen. Sollte es möglich sein, dass nur noch die Arbeiterschicht weiß, was Liebe ist?

Viele Kinderkrippen in den USA rekrutieren nun verstärkt Mitarbeiterinnen mit lateinamerikanischer Herkunft, weil diese jungen Frauen liebevoller, zärtlicher, geduldiger und stets gut gelaunt sind – weil sie natürlich und gut mit Kindern umgehen können. Weiße Erzieherinnen waren eher selbstbezogen, sorgten nicht so gut für die Kinder und waren kühler. Sind diese Kulturen, die noch näher am landwirtschaftlichen, familienorientierten Lebensstil sind, die letzten Außenposten, die noch Kinder zu lieben verstehen?

Die Medien tragen einen Teil der Verantwortung für das Herausbilden von Meinungen und das Konditionieren junger Menschen dahingehend, was als normal anzusehen ist. Ich habe kürzlich einen Zeitschriftenartikel über Kinderbetreuungsmöglichkeiten gelesen, bei dem gut aussehende Mütter mit ihren Kindern am Strand zu sehen waren. Eine der jungen Mütter, ein Model, sagte dem Journalisten: »Ich bin die ersten sechs Monate zu Hause geblieben. Seitdem ist er ganztags in einer Kinderkrippe, und ich arbeite wieder. Ich habe einfach meine Unabhängigkeit vermisst.« Ich musste ein paar Tage darüber nachdenken; irgendetwas stimmte mit dieser Aussage nicht, aber ich wusste nicht genau, was. Dann kam ich darauf:

Es war das Wort Unabhängigkeit. Unabhängigkeit ist hier das falsche Wort, denn eine Mutter ist nicht von ihrem Kind abhängig. Was sie wirklich meinte, war: »Ich wollte meine Freiheit zurückhaben.« Frei sein von diesem anspruchsvollen kleinen Menschen und wieder mein eigenes Leben leben. Das allerdings klingt nicht so gut.

Im Jahr 2001 hatte mich die größte Buchhandelskette Großbritanniens angesprochen, ein Buch über Kinderbetreuungsmöglichkeiten zu schreiben. Ich sagte, dass ich das gern tun könnte, dass ich aber ehrlich sein würde; einige Betreuungsmöglichkeiten sind nicht gut für Kinder. Man dankte mir für meine Aufrichtigkeit und erklärte, sie bräuchten ein Buch mit einer positiven Aussage für die Eltern, und vielleicht sei ich da doch nicht der Richtige für sie. Ich war absolut der gleichen Meinung. Sie nahmen jemanden unter Vertrag, der ein Buch mit der tröstenden Botschaft schrieb, was immer du tust, ist das Richtige für dich.

Bei all dem dürfen wir die Rolle der Männer nicht vergessen, sondern müssen sie im Gegenteil noch stärken. Wissenschaftliche Studien haben ergeben, dass Männer einen großen Einfluss auf das Wohlbefinden der Mütter und ihre Entscheidungen haben. (Die Ansicht des Vaters beispielsweise ist einer der ausschlaggebenden Faktoren was die Länge der Stillzeit betrifft.) Nutzen die heutigen Männer den feministischen Ethos der Unabhängigkeit aus und verlassen sich darauf, dass ihre Partnerinnen ihr ganzes Eheleben hindurch Geld verdienen? Wollen sie keine Ernährer sein? Oder wollen sie – das ist eigentlich sogar noch besser – einen Teil der Erziehung in den ersten Jahren übernehmen, damit beide Elternteile ihre Karriere weiter vorantreiben und trotzdem Kinder haben können? Krippenbetreuung ist eine wunderbare Ausflucht für Väter, die sich aus der Erziehung ausklinken wollen, so wie es für wohlhabende Väter früherer Generationen das Internat war. Selbst wenn man es wohlwollend betrachtet, verpassen Väter, die nicht schon früh die Erfahrung geteilter Fürsorge machen, einen Teil dessen, was die Kinder zurückgeben, und verlieren zusätzlich das Zutrauen und die Gewissheit, ihrer Vaterrolle gerecht werden zu können. *In jeder Diskussion um die Art der Kinderbetreuung muss zur Sprache kommen, dass das Problem der Krippenbetreuung nicht allein das Problem der Mütter ist, sondern dass es beide Eltern gleichermaßen betrifft und das Problem gemeinsam betrachtet und gelöst werden muss.* Wenn sich ein Paar darauf einigt, dass am besten sie im ersten Jahr für das Kind sorgt, dann muss der Vater anerkennen, dass seine Frau möglicherweise ein Opfer gebracht hat und er in ihrer Schuld steht. Im Zuge der wechselseitigen Abhängigkeiten, die eine Familie erst ausmachen, wird er vielleicht später, wenn man im familiären Lebenszyklus weiter fortgeschritten ist, seine eigene Karriere zurückstecken wollen, um seiner Frau wieder eine eigene Karriere zu ermöglichen. Dies kann jedes Paar verhandeln, mit ebenso viel Sorgfalt und Mitgefühl wie bei jeder anderen Entscheidung auch.

Politik und Tagesbetreuung

Ich habe mir die Politik bis zuletzt aufgehoben. Wir treffen jeder unsere eigenen Entscheidungen, aber wir tun dies im Kontext der aktuellen wirtschaftlichen und politischen Lage. Ebenso bezahlen und wählen wir Politiker und Bürokraten, damit sie gewisse Dinge organisieren, sodass wir unsere Kinder nicht unter unmöglichen Umständen großziehen müssen.

Die Autorin und Psychotherapeutin Sue Gerhardt drückt dies so aus: »Ich glaube, dass auf einer größeren sozialen Ebene die Ursache vieler Erziehungsprobleme in der Trennung von Arbeit und Zuhause, von Öffentlichem und Privatem liegt. Das Ergebnis sind einsame Mütter zu Hause, ohne Netzwerk von

Erwachsenen, die ihnen helfen, und ohne Abwechslung in der täglichen Arbeit. Diese Bedingungen allein schaffen schon einen großen Teil der Depression und des Grolls, der für die Entwicklung eines Babys so schädlich ist. Frauen stehen vor der künstlichen Entscheidung, sich entweder ganz ihrer Karriere oder aber ihren Kindern zu widmen, wenn sie eigentlich beides wollen.«

Der Kapitalismus ist heute in einer krebsartig wuchernden Phase, dem »Hyperkapitalismus« angekommen. Wir stehen vor der Aufgabe, ihn reglementieren zu müssen, bevor er uns im Vorbeigehen verschlingt. Und das bald. Wenn sich die gesamte Weltbevölkerung entschlösse, so zu leben wie die Europäer und die Amerikaner, bräuchten wir fünf Planeten, um alle versorgen zu können. Wir haben aber nur einen. Allein Chinas Weg hin zur Industrialisierung greift die Ölreserven an. Heute schon hat die Welt 90% des gesamten Fischbestands der Ozeane verloren, unser Planet überhitzt sich selbst, weil wir unsere fossilen Brennstoffe verbrennen. Der kritische Zeitpunkt ist heute.

Der beste Weg, dies zu ändern, ist nicht etwa, Bomben oder Flugzeuge in Hochhäuser zu jagen, sondern indem wir unsere eigene habgierige Rolle im Hyperkapitalismusspiel ein wenig zurücknehmen. Wenn diejenigen von uns, die ganz bestimmt genug haben, anfangen, weniger zu verdienen und weniger auszugeben, wenn wir mehr Zeit in der Gemeinschaft, in der Familie und mit Freunden verbringen, wenn wir unseren Bedarf reduzieren, wenn wir Parteien wählen, die keine Vertuschungsgesellschaften sind, sondern echte Alternativen bieten, dann können wir eine steigende, stabile Veränderung hin zu einer lebenswerten Welt erreichen.

Wir können den Sexismus ausräumen (die Ansicht, dass Frauen für die Kinder sorgen und die Männer die Familie ernähren) und dennoch infrage stellen, ob jede Familie das Recht auf zwei volle Arbeitsplätze hat oder diese braucht. Wenn diejenigen von uns, die nicht ernstlich arm sind, mit weniger auskommen und weniger ausgeben, werden irgendwann von den niedrigeren Immobilienpreisen auch diejenigen profitieren, die keine Wahl haben. Es wird auch mehr Jobs geben, die geteilt werden können. Dies trifft ebenso auf internationaler Ebene zu: Es kostet heute viel zu viele arme Länder viel zu viel, uns Öl, Obst, Gemüse, Kaffee und Tabak zu liefern. Wenn wir gezielter, aber weniger konsumieren, werden alle vom Gewinn profitieren.

Wir können unsere Politiker unter Druck setzen und anfangen, die Bedingungen, unter denen unsere Familien gedeihen können, zurückzugewinnen: Elternzeit, hochqualifizierte, nicht gewinnorientierte Kinderbetreuung, flexible Arbeitszeiten, Umschulungen und Weiterbildung, energiesparendes Wohnen, heimische, ungespritzte Nahrungsmittel, öffentliches Gesundheitswesen, staatliche Infrastruktur wie Verkehrsmittel, Strom und Kommunikationsmittel. Dies sind die Dinge, die Eltern wollen und mit denen Kinder gedeihen können – und sie sind weder schwer zu beschaffen noch kostspielig in der Einrichtung. Sie sind das Gegenteil des schlimmsten Trends in unserem Leben, der uns alle verunsichert: Unser gegenwärtiges System neigt dazu, von denen, die nicht viel haben, Reichtümer abzuziehen, und sie denen, die ohnehin mehr als genug haben, zuzuschieben. Dies ist ein System, das unausweichlich dazu führt, dass große Teile der Welt verarmen, weil wir reich sind. Wem kann man es letztlich schon verdenken, wenn er uns unter diesen Voraussetzungen Schlechtes wünscht?

Die Krippenbetreuung der Zukunft

In der Kinderbetreuungsindustrie arbeiten eine Menge guter Leute. Viele sind sich der Probleme und Widersprüchlichkeiten ihrer Arbeit voll bewusst und bemühen sich stetig, die Betreuung so gut wie möglich zu gestalten. Durch die Bedenken und die Kritiken an der Krippenbetreuung durch mich und viele andere Experten für kindliche Entwicklung hat es in den vergangenen zehn Jahren bereits eine Vielzahl an Verbesserungen gegeben.

In einigen Tagesstätten bleiben die Kinder mit ihren Geschwistern zusammen, um das Familiengefühl zu erhalten. Andere erhöhen die Mitarbeiterzahl über die staatlich geforderte Anzahl hinaus, um pro Erzieherin zwei oder drei statt vier oder fünf Babys zu haben. Einige Tagesstätten bezahlen ihre Mitarbeiter besser, damit sie länger in der Einrichtung bleiben und so über einen längeren Zeitraum am Leben der Kinder teilhaben können. Immer mehr Tagesstätten arbeiten mit den Eltern zusammen und helfen den Babys, sich langsam einzugewöhnen, bevor sie von jemand Neuem betreut werden. Die Kinder bekommen besseres Essen und eine ruhigere, weniger stressgeladene Umgebung.

Man kann die Tagesbetreuung unendlich weiter verändern, bis sie genau dem Zuhause entspricht, in dem das Kind normalerweise sein würde.

WIE SCHON PENELOPE LEACH, die wohl heute weltweit bekannteste Sprecherin für die Bedürfnisse von Kindern, einmal sagte: Wenn wir immer mehr Anstrengungen unternehmen, um die Qualität der Fremdbetreuung stets zu verbessern, die Mitarbeiterfluktuation einzudämmen, mehr Stabilität in den Tag zu bringen, kleinere Gruppen zu bilden, ein familiäres Umfeld zu schaffen, eine heimeligere Atmosphäre zu kreieren, sind wir am Ende dort, wo wir angefangen haben – mit den Eltern zu Hause! Und Tanten und Onkeln und den Großeltern gleich um die Ecke.

Eine oder zwei Erzieherinnen mit drei oder vier Kindern, das Ganze in einer heimeligen Umgebung. Irgendwann werden die Kosten, die eine solche Betreuungsqualität bedeutet, in astronomische Höhen steigen.

Die Kindermädchen-Lösung

Wohlhabende Eltern schlagen oft einen gänzlich anderen Weg ein: Sie leisten sich eine eigene Kinderfrau. Dies bedeutet, dass ihr Kind zu Hause bleiben und eins zu eins oder eins zu zwei betreut werden kann. Die Kindermädchen-Lösung liefert noch eine ganz neue Themenpalette. Eltern, die sich dafür entschieden haben, können viel davon berichten.

Ich habe einmal über eine Familie gelesen, die ganz in der Nähe meines Zuhauses in Tasmanien lebt. Es ist eine französische Winzerfamilie, die jedes Jahr eine französische Kinderfrau einfliegen lässt, die sich dann um die Kinder kümmert. Sie wechseln die Kinderfrau jedes Jahr, »damit sich die Kinder nicht zu sehr an sie gewöhnten«. Geht es aber im Leben nicht genau darum? Das könnte doch auch ein Argument dafür sein, von Zeit zu Zeit den Partner auszutauschen. Oder die Kinder zu wechseln. Hier liegt nämlich die Angst und die Gefahr bei der Kindermädchen-Lösung: Wenn eine Kinderfrau gute Arbeit leistet, lieben die Kinder sie, und wenn sie sehr viel sehr gute Arbeit leistet, kann es passieren, dass sie sie mehr lieben als ihre eigenen Eltern. Wollen Sie das?

Hinzu kommt, dass es kompliziert wird, wenn eine Geschäftsbeziehung familiär wird. Sie sitzen am längeren Hebel, Sie sind der Chef und Arbeitgeber der Kinderfrau, das ist keine gleichberechtigte Partnerschaft, wie es für die Erziehung von Kindern notwendig wäre. Bei einer Tante, bei Oma oder Opa ist das anders; sie können helfen, das Kind zu erziehen, bleiben jedoch gleichberechtigte Personen, ohne den »Dienerstatus« einer Kinderfrau. Die Kindermädchen-Lösung scheint von vornherein zum Scheitern verurteilt zu sein: Wenn die Kinderfrau schlecht ist, sind Sie unglücklich, wenn sie gut ist, sind Sie auch unglücklich. Wie bei der Krippenbetreuung ist es auch hier wie beim Salz: Eine Prise ist ausreichend. In jedem Fall scheint Verwandtschaft oder Freundschaft die bessere Basis für Kinderbetreuung zu sein.

In der Anfangszeit der Krippenbetreuung wurde oft argumentiert, dass den Kindern dadurch eine *bessere* Kindheit geboten würde. Man würde, mit dem gleichen Ziel wie bei den Kibbuz-Experimenten in Israel, Kinder haben, die sozialer und selbstbewusster seien, die schon mehr gelernt hätten und dadurch besser auf Schule und Arbeitsleben vorbereitet wären. Wir haben uns das vom wissenschaftlichen Standpunkt in den letzten dreißig Jahren vorbehaltlos angesehen. Es hat sich allerdings erwiesen, dass dem nicht so ist.

Die Kosten sind ein wichtiger Faktor. Viele Eltern finden, dass die Kosten für die Kinderbetreuung, die sie sich vorstellen, so hoch sind, dass sie das Gehalt, das sie in der Zeit verdienen könnten, übersteigen. Wir als Gesellschaft können uns die Qualität in der Kinderbetreuung (vor allem, wenn es um die Mitarbeiterzahlen geht), die Kinder bräuchten, um zu gedeihen, gar nicht leisten. Die Kinderbetreuungsindustrie ist absolut abhängig vom Zustrom unterbezahlter Arbeitnehmer, von jungen Frauen, die diesen Job vorübergehend machen, weil sie keine anderen Berufsmöglichkeiten haben und die selbst nicht besonders gut ausgebildet sind.

Aber die Krippenbetreuungsexplosion ist noch nicht vorbei. Nun beginnt man sogar mit Krippenbetreuung über Nacht. In Südkorea und einigen anderen Teilen der Welt bieten einige Kinderkrippen auch die Möglichkeit an, das Kind die ganze Arbeitswoche über dort zu lassen. Es gibt da keinerlei logische Grenzen. Vielleicht wird es eines Tages möglich sein, sein neugeborenes Baby (oder vielleicht auch Sperma und Eizelle) dort abzugeben und bis zum Ende der Kindheit per E-Mail regelmäßig Berichte über die Fortschritte seines Kindes zu erhalten.

> WENN DEN ERZIEHERINNEN IN KINDERKRIPPEN die Gehälter gezahlt würden, die sie wirklich verdienen, würde der ganze Geschäftszweig zusammenbrechen.

Der jüngste Trend ist eine Art McDonaldisierung der Krippenbetreuung, große Ketten und Franchise-Unternehmen haben das übernommen, was einmal als Gemeinschaftsprojekt und fortschrittliche Bewegung ohne Gewinnorientierung angefangen hat. Dieser Trend führt sogar dazu, dass einige gut geführte städtische Tageseinrichtungen bereits schließen mussten. Gleichschaltung und Funktionalität (berühmtestes Beispiel ist der Kunstrasen gegen Dreck und Matsch) lassen die Einrichtungen leblos wirken und auch konfliktbeladen, weil das Leitmotiv der Gewinn ist. Hygiene und Sicherheit sind ebenfalls maßgeblich, um eventuelle rechtliche Konsequenzen von vornherein auszuschließen, doch reduzieren sie die Möglichkeit der Kinder, eine breit gefächerte und erfüllte Spielerfahrung zu machen. Es ist nicht zu erwarten, dass diese Einrichtungen männliche Erzieher einstellen werden, was jedoch für eine ausgewogene Entwicklung der Kinder in der Gesellschaft wünschenswert wäre. Das Ganze ist vollkommen widersprüchlich: Gewinnorientierte Einrichtungen liegen oft dort, wo man sie gut sehen kann, an belebten Hauptverkehrsstraßen, wo die Luftqualität schlecht ist und die Kinder jedes Mal Abgase einatmen, wenn sie nach draußen gehen. Hier liegt die Versuchung, den einfachsten und günstigsten Weg zu gehen – von Mitarbeiterzahlen bis hin zur Essensqualität – bereits in der Natur der Sache.

Die Globalisierung betrifft nun auch die Krippenbetreuung. Große Franchise-Unternehmen siedeln sich in Orten an, wo bereits Kinderkrippen vorhanden sind. Sie stechen die Konkurrenz mit niedrigen Preisen aus und treiben die bereits existierenden städtischen oder kirchlichen Einrichtungen in den Ruin. Wenn dann keine Konkurrenz mehr da ist, werden die Kosten angehoben, und die Qualität wird gesenkt, aber es gibt keine Alternative mehr. So war das mit den Hamburgern, und nun passiert das Gleiche mit unseren Kindern.

Penelope Leach hat in ihrem berühmten Buch *Kinder sind die Erwachsenen von morgen* eine ganz andere Art der Kinderbetreuung empfohlen: ein Familienzentrum, das es in jedem Vorort und Stadtteil geben sollte, wo man Leute kennen lernen kann, medizinische Unterstützung findet, Rat in Erziehungsfragen bekommt, Spielzeug ausleihen kann – all das, was Mütter und Väter brauchen. Ein Ort, der nah gelegen und warmherzig ist, wo man mit seinen Kindern zum Spielen hingeht, wo man sich aber auch mit jemandem treffen kann, um über ein Entwicklungsproblem seines Kindes zu sprechen, wo beispielsweise ein Seh- oder Koordinationstest für Kinder angeboten wird. Diese Einrichtungen bräuchten nicht sehr groß zu sein, nur wenig größer als ein normales Haus und für jeden zu Fuß erreichbar. Man würde die Mitarbeiter dort kennen und regelmäßig Bekannte treffen.

Diese Art von Einrichtung würde den gesamten Lebensstil eines Stadtteils oder einer Ortschaft verändern. Das klingt vielleicht utopisch, aber in einigen fortschrittlichen Ländern gibt es solche Zentren bereits. Wir müssen nur alle ein bisschen besser zusammenarbeiten und solche Ideen aufgreifen. Die Frage, die wir uns weiterhin stellen müssen, ist: Was brauchen Eltern wirklich, um ihre Aufgabe so gut wie möglich erfüllen zu können, mit einem Minimum an Stress und einem Maximum an Möglichkeiten? Und dann müssen wir einfach nur noch weitermachen, bis wir dort angelangt sind.

Nachtrag

Meine Empfehlungen

Entscheidungen sollten sich immer am Entwicklungsstand unserer Kinder orientieren. Wie schon oben erwähnt, gibt es noch keine aussagekräftigen Untersuchungsresultate, die man auf jedes Kind anwenden kann. Wir Eltern müssen deshalb unseren eigenen Verstand gebrauchen. Hier sind einige Leitlinien, die Ihnen bei einer Entscheidungsfindung helfen können und die ich Ihnen unbedingt ans Herz legen möchte:

Das Alter

Verzichten Sie im ersten Lebensjahr auf jede Form von organisierter Kinderbetreuung. Sorgen Sie dafür, daß immer ein Elternteil zugegen ist, und lassen Sie an Tagen, an denen Sie beide außer Haus sind, oder dann, wenn Sie abends ausgehen, Ihr Baby nur unter der Aufsicht eines vertrauenswürdigen und gut bekannten Babysitters zurück.

Wenn Sie auf organisierte Betreuung nicht verzichten können, so orientieren Sie sich an den folgenden Richtwerten.

✗ **Wenn Ihr Kind noch nicht ein Jahr alt ist:** bis zu einem kurzen Tag, d.h. von 10–15 Uhr, pro Woche.

✗ **Wenn Ihr Kind ungefähr zwei Jahre alt ist:** bis zu zwei kurze Tage pro Woche.

✗ **Wenn Ihr Kind ungefähr drei Jahre alt ist:** bis zu drei kurze oder halbe Tage pro Woche.

✗ **Wenn Ihr Kind ungefähr vier Jahre alt ist:** bis zu vier kurze oder halbe Tage pro Woche.

Bei Ihrer Entscheidung sollten Sie immer die individuellen Bedürfnisse Ihres Kindes in Betracht ziehen und seine täglichen Reaktionen berücksichtigen.

Die Art der Betreuung

Meiner Ansicht nach könnte man für die verschiedenen Betreuungsmöglichkeiten für ein Kind unter drei Jahren folgende Rangliste aufstellen:

✗ **beste Lösung:** die Betreuung durch einen nahen Verwandten oder Freund, der Ihr Kind liebt und dem Sie vertrauen
✗ **zweitbeste Lösung:** eine vertrauenswürdige und freundliche Tagesmutter, die Sie persönlich kennen*
✗ **drittbeste Lösung:** eine qualifizierte Kinderkrippe mit stabilem Personal, zu dem Sie Vertrauen haben können.

Für Kinder, die älter als drei Jahre sind, kann eine gute Kindertagesstätte einen echten Wert darstellen. In diesem Alter lernen Kinder Sozialverhalten und profitieren von den gezielten Aktivitäten, dem Platz und dem Material zum Spielen, die eine solche Tagesstätte ihnen bieten kann, und von dem professionellen und motivierten Personal.

Ihr Spielraum

Wie die Bedürfnisse des Kindes müssen auch die der ganzen Familie in Betracht gezogen werden, denn das Kind wird genauso darunter leiden, wenn ein Elternteil erkrankt, eine Ehe auseinander bricht oder eine Familie aufgrund finanzieller Schwierigkeiten das Dach über dem Kopf verliert.

Die Betreuung Ihrer Kinder durch Dritte ist Ihrer Familie zuträglich, wenn auf Sie folgende Kriterien zutreffen:

---

* Wenn Sie keine Tagesmutter finden können, bei der Sie ein gutes Gefühl haben, dann ist die Kinderkrippe wahrscheinlich vorzuziehen.

1 Sie können ohne sie finanziell nicht überleben, beispielsweise weil Sie arbeiten müssen, um materielle Grundbedürfnisse zu befriedigen.

2 Sie sind angewiesen auf die Spielräume, die Ihnen die Betreuung durch Dritte verschafft, weil Sie sich um ein anderes neugeborenes oder erkranktes Kind kümmern müssen.

3 Sie können Ihrem Kind nicht alles an Anregungen bieten, was es braucht – z.B. Spielmaterial (wenn Sie arm sind) oder Freunde (bei einem isolierten oder Einzelkind).

4 Die Betreuungseinrichtung, die Sie ausgewählt haben, entspricht Ihren Vorstellungen von Sicherheit, Disziplin und Respekt gegenüber der Persönlichkeit Ihres Kindes.

5 Die Betreuer des Kindergartens oder der Kinderkrippe, die Sie ausgesucht haben, legen Wert auf die Pflege langfristiger Beziehungen; man spürt, daß die Betreuer und die Kinder Freunde sind.

6 Die Atmosphäre in der Betreuungseinrichtung ist so, daß Sie jederzeit kommen und gehen können, Ihr Kind auch mal zu Hause behalten können und besondere Wünsche und Sorgen äußern dürfen, ohne mit alldem irgendjemandem zur Last zu fallen.

Wenn man die Bedürfnisse des Kindes und eine sich wandelnde familiäre Situation gut gegeneinander abwägt, so kann es gelingen, eine wohl durchdachte und gut funktionierende Lösung zu finden.

Viel Glück dabei!

Verwendete Forschungsliteratur

Abrams, Rebecca: »Minding the Baby« in: *The Guardian*, 17. Juli 2004

Belsky, Jay: »Developmental Risks (Still) Associated with Early Child Care« in: *Journal of Child Psychology and Psychiatry* (2001), 42. Jahrgang, Seiten 845–860

Dies ist ein gut lesbarer Bericht über die Fortschritte und Diskussionen in den vergangenen dreißig Jahren, der Forschungsergebnisse aus der ganzen Welt hinzuzieht, vor allem aber die neue Klarstellung durch die NICHD. Diese Studien besagen, dass selbst bei sehr guter Kinderbetreuung die Kinder aggressiver, weniger umgänglich und beziehungsärmer werden können, wenn diese Betreuung zu lange andauert.

Bunting, Madeleine: »Nursery Tales« in: *The Guardian*, 8. Juli 2004

Gerhardt, Sue: *Why Love Matters*, Brunner-Routledge, Großbritannien 2004

Das beste populärwissenschaftliche Buch zur Entwicklung des Gehirns und der Bedeutung von Zuneigung für das Wachstum der einzelnen Hirnbereiche des Babys. Detailliert, gut recherchiert und dennoch auch für Laien gut verständlich.

Langlois, J. H., Liben, S.: »Child Care Research, an Editorial Perspective« in: *Child Development*, 2003, 74. Jahrgang, Band 4, Seiten 969–975

□

Nachfolgend die bahnbrechenden Studien, auf deren Grundlage die Erkenntnisse fußen, dass Kinderbetreuung, wenn sie zu früh, zu oft und zu lange erfolgt, schadet:

NICHD (National Institute of Child Health and Human Development) Early Child Care Research Network (1997a): »The Effects of Infant Child Care on Infant-Mother Attachment Security« in: *Child Development*, 68. Jahrgang, Band 5, Seiten 860–879

NICHD Early Child Care Research Network (1998): »Early Child Care and Self-control, Compliance and Problem Behavior at 24 and 36 Months« in: *Child Development*, 69. Jahrgang, Seiten 1145–1170

NICHD Early Child Care Research Network (1999): »Child Care and Mother-Child Interaction in the First 3 Years of Life« in: *Developmental Psychology*, 35. Jahrgang, Seiten 1399–1413

NICHD Early Child Care Research Network (2000a): »The Relation of Child Care to Cognitive and Language Development« in: *Child Development*, 71. Jahrgang, Seiten 958–978

NICHD Early Child Care Research Network (2000c): »Factors Associated with Fathers' Caregiving Activities and Sensitivity with Young Children« in: *Journal of Family Psychology*, 14. Jahrgang, Seiten 200–219

NICHD Early Child Care Research Network (2000d): »Child Care and Family Predictors of MacArthur Preschool Attachment and Stability from Infancy«. Noch nicht veröffentlicht.

NICHD Early Child Care Research Network (2001): »Further Explorations of the Detected Effects of Quantity of Early Child Care on Socioemotional Adjustment«. Diese Studie wurde während der alle zwei Jahre stattfindenden Konferenz der Society for Research in Child Development in Minneapolis präsentiert.

NICHD Early Child Care Research Network (2002): »Early Child Care and Childrens Development Prior to School Entry« in: *American Educational Research Journal*, 39. Jahrgang, Seiten 133–164

NICHD Early Child Care Research Network (2003): »Does Amount of Time Spent in Child Care Predict Socioemotional Adjustment During Transition to Kindergarten?« in: *Child Development*, 74. Jahrgang, Band 4

□

Schore, Allan N.: *Affect Regulation and the Origin of the Self*, Verlag Erlbaum, New Jersey 2002

Dieses Buch vermittelt den besten Überblick, der jemals in der fachübergreifenden Literatur zu Gehirnentwicklung und geistiger Gesundheit von Säuglingen veröffentlicht wurde. Es fasst mehr als 2000 Studien zu der Fragestellung, was genau zwischen Mutter und Kind passiert, das zur geistigen Gesundheit des Kindes beiträgt, zu Themen wie Trösten, Selbstbeherrschung und Selbstwertgefühl zusammen. Es beinhaltet die bahnbrechenden Studien über die Veränderungen im Gehirn von Mutter und Baby.

Watamura, S., Donzella, B., Alwin, J., Gunnar, M.: »Morning to Afternoon Increases in Cortisol Concentrations for Infants and Toddler at Child Care« in: *Child Development*, 2003, 74. Jahrgang, Band 4, Seiten 1006–1020

Die beliebten Serien des SZ-Magazins in Buchformat

Kann man im Handstand schlucken?
... und über 100 weitere Rätsel des Alltags
3-453-86936-2

Bettina Stiekel (Hrsg.)
Kinder fragen, Nobelpreisträger antworten
Mit einem Vorwort von Axel Hacke
3-453-19702-X

Li Zhi-Chang
Setz dich hin und tue nichts
Das Buch der Entspannung
3-453-21166-9

Li Zhi-Chang
Mit dem Herzen lächeln
100 Wege, um 100 Jahre alt zu werden
3-453-19723-2

Yoon-Nam Seo
Den Bambus biegen
Meister Seos Anleitung zum Glücklichsein
3-453-18845-4

3-453-86936-2